改訂版
基礎から学ぶ

建築生産

生産マネジメントから施工・維持管理まで

大久保孝昭　編著
Takaaki OHKUBO

鬼塚雅嗣＋閑田徹志＋眞方山美穂＋濱崎　仁　著
Masatsugu KIZUKA　　Tetsushi KANDA　　Miho MAKATAYAMA　　Hitoshi HAMASAKI

学芸出版社

はじめに

　近年の電子情報技術の飛躍的な進歩は，我々の日常生活を一変させました．高速通信ネットワーク技術の進歩により，パソコンでの情報交換や商取引は日常茶飯事となり，携帯電話やスマートフォンがなくては日常生活も滞ってしまいます．テレビはどんどん薄くなり，音楽もCDからネット配信へと変化してきています．建築生産現場でも，インターネットは不可欠となり，電子情報ネットワーク技術はメールによる情報伝達や情報入手のツールとして頻繁に使われています．最近では3次元CADを駆使したBIMの普及，ウェブによる工事情報の共有化など，電子情報交換技術は建設生産現場に欠かせない技術となっています．これらは当該分野の工学技術者の努力の賜です．

　筆者は，建築生産技術そのものは，電子情報技術のようにドラスティックかつ華やかな技術革新を達成することのできる分野ではないと思っています．言うまでもなく建築物は一品生産であり，技術者の組合せは生産する建築物ごとに変化します．したがって，様々な建築生産を行うためには，すべての技術者が理解できる共通のルールが必要です．建築生産において新しい技術を導入するということは，皆が理解していたこのルールを変えることでもあり，困難も伴います．明確に設定した個別の目標を一つずつクリアして，着実に一歩ずつ進歩するのが建築生産分野だと思います．

　地道に一歩ずつ進歩する建築生産に対して，それを取り巻く社会情勢は急激に変化してきています．特に，経済の衰退，高齢社会の到来により，建築生産はスクラップ＆ビルドからストック＆リノベーションに大きく舵を切りました．これに伴い，大学の建築教育においても，新築の設計を重視した教育から，改修設計や補修・補強技術に関する教育を重視すべきと考えている教員がどんどん多くなっているように思います．

　本書は大学における「建築生産」や「建築施工」という科目の講義用テキストとして執筆しました．これらの講義は，要素技術に細分化された「様々な建築教育教科」をつなぐための授業として位置づけられます．いかに優れた意匠設計が出来上がっても，構造安全性が確保できなければ，設計は完了しません．優れた設計が達成されたとしても，施工方法が存在しなければ，設計図は絵に描いた餅にとどまってしまいます．素晴らしい性能を有する建築材料が開発されても，その性能を引き出す設計がなくては意味がありません．これらの有機的な連携を達成するためには，建築生産全体を大きく捉える必要があります．

　大学の「建築生産」のテキストは，建築計画分野の技術者が執筆する場合と建築材料・施工分野の技術者が執筆する場合に大別されます．本テキストは後者の技術者が中心となって執筆作業を行いました．したがいまして，本書は「建築施工」と題する講義にも対応できる内容となっています．一級建築士・二級建築士の国家試験における「建築施工」の科目で過去に出題

された試験問題も意識して解説を加えました．また，鉄筋コンクリート造の建築物に的を絞っていますが，維持管理分野における診断・補修・補強，そして解体に至るまでの基本的な技術を示しています．

　2011 年 3 月の東日本大震災により，我が国を取り巻く状況は一変しました．建築技術者の心の中には，一人の人間としても，専門家としても，復興のために何かを行わなければならないという意志が満ち溢れています．合理的な復興を達成し，人にとって安全で長寿命の空間を確保するために，分野の垣根を越えて，積極的に他分野の技術者と連携を深め，新しい技術開発を強く推進するのは今しかありません．そしてそのリーダーとなるのが建築分野の技術者であり，将来の皆さんです．

　建築生産は，しっかりとした知識と経験を基盤とし，設定した目的を達成するために創意工夫をすることによって技術が進歩する分野だと思います．漠然と従来の方法を踏襲するだけでは，技術の進歩はあり得ません．

　社会に出る前にしっかりとした知識を吸収するための教材，あるいは初めて実務に携わる際の参考書として，本書が皆さんの役に立てれば幸いです．

2012 年 12 月

著者を代表して　大久保孝昭

改訂にあたって

　本書を発刊して 9 年が経過しました．この間，地震，台風そして豪雨などの自然の猛威は激しくなる一方で，各地でこれらによる災害が頻発しています．建築には「人を守るシェルター」としての役割が増しています．このような状況の下，既存建築物を少しでも長く使い，そして外力に対抗できるように，第 5 章の維持管理を充実させました．第 4 章では，これまで読者の皆様からのご要望の多かった内外装工事を追記いたしました．また，全般的に古いデータや表現の更新を行っています．

　章末には，重要な用語や技術を習得できたかどうかをチェックするための演習問題を掲載しました．ほとんどの問題の解答は本書に記載していますので，解答は示していません．復習として活用いただければ幸いです．

　本書は RC 工事中心にまとめており，すべての建築物に対してはまだまだ不十分な内容とは存じておりますので，今後も読者の皆様のご意見をお願いする次第です．どうぞよろしくお願いします．

2021 年 10 月

大久保孝昭

もくじ

2 部　施工・維持管理

3 章　施工準備および施工計画 39

4 章　施工技術 59

5章　維持管理，補修，解体 ……………………………………………… 135

1章

建築生産の仕組みと流れ

建築物の生産には，数多くの技術者が関わる．しかも建築物は基本的に一品生産であり，技術者の組合せは生産する建築物ごとに変化する．したがって，多種多様な建築生産を行うためには，すべての技術者が理解できる共通のルールが必要であり，また技術者にはルールを理解できる技能と資格が必要となる．

言うまでもなく，建築物は人間の生活にとって不可欠のものであり，安全，快適，美観そして長寿命など，数多くの性能が要求される．特に，人命や財産を守るシェルターとしての役割は大きく，外気環境，地震および火災などの外力に対して安全であるように生産することが必須である．このような要求に応えるために，建築生産に関わる技術者は確固たるモラル（建築倫理）を持って建築生産に取り組まなければならない．

図1·1·1に建築生産の大まかな流れと生産に関わる主要な技術者を示す．

企画・計画は，「どのような建築物をつくるか」をまとめる段階であり，発注者の要望や敷地の条件等を整理し，建築物の形態や規模に関する基本構想をまとめるものである．「どのような建築物がつくれるか」に関しては，法的規制（建築基準法や消防法など）も大きく影響するため，建築生産の条件を整理するのもこの段階である．

設計は建築物の形や機能を定めるための設計図面を作成し，使用する材料やつくり方（これを仕様と言う）を定める行為である．単に設計と言っても，時系列的に「基本設計」と「実施設計」に分かれることが一般的である．基本設計では，企画・計画でまとめた基本構想を基に，空間の構成計画，建築物の形態・機能計画，概算予算計画および法規制等をまとめる．この段階で，発注者の要望を的確に把握することは大事であり，**発注者の要望を聞くプロセスは“ブリーフィング”，要望をまとめた結果は“ブリーフ”と定義され**，これらを設計や施工に反映させることが近年重視されている．設計を行う技術者は「建築士」と呼ばれる国家資格を持った技術者のみが行うことができる．建築士には「一級建築士」「二級建築士」および「木造建築士」があり，それぞれ規模や構造種別によって設計できる建築物の範囲が定められている．さらに，建築士はその専門によって，建築物の形状や間取り等の意匠設計をする「建築設計」，安全な構造を達成するための設計を行う「構造設計」および空調や電気設備等の計画を作成する「設備設計」を行う技術者に大別される．

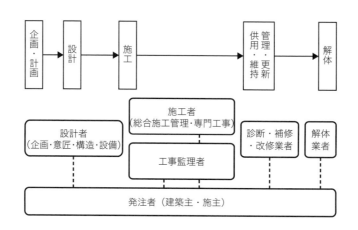

図1·1·1　建築生産の流れと技術者（概要）

作成された設計図をもとに，現場で建築物を構築する過程が施工である．この段階では，施工を行うための施工方法，工程計画や施工に必要な機械等の計画を立て，関係の役所に届出を提出した上で着工する．詳細は後述の第3章および第4章に示している．施工者は，我が国では図1・1・2に示すような組織で構成されるのが一般的である．これは総合請負方式（元請方式）と呼ばれる施工形態であり，建築物の施工全体をいわゆる"ゼネコン"または"元請け"と呼ばれる建設総合請負業者が工事全体を請け負い，"サブコン"または"下請け"と呼ばれる専門工事業者（協力業者）に各種工事を発注しながら工事を進めていく方式である．以下，本書では，建設総合請負業者を総合建設業者と記す．また，総合建設業者と専門工事業者を合わせて施工者と記すこととする．

竣工後，建築物を使用していく過程では，居住者や使用者が建築管理の主役となるが，建築物を長期にわたって，安全かつ快適に使用するためには適切な維持管理が必要となる．本書では，人間では健康診断にあたる「建築物の点検・診断」，病気の治療にあたる「補修・補強・改修」を維持管理の範疇と定義して記載している．近年，**建設物の生産は"スクラップ＆ビルド"から"ストック＆リノベーション"に大きく舵を切った**（2・2・2項，p.22参照）．建築物をできる限り長く使用するためには，この維持管理が非常に重要であることは明らかである．しかし従来，我が国の建築教育では新築を対象とした内容が主流であり，維持管理分野の教育は全般的に軽んじられてきたと言わざるを得ない．近年，この分野の技術確立が重要であるという認識のもと，維持管理のための診断や補修・補強工法の開発が盛んになされるようになり，**「診断士」という資格を有した技術者を育成する学協会も出てきている**．コンクリート診断士（公益社団法人日本コンクリート工学会）や建築仕上診断技術者・建築設備診断技術者（公益社団法人ロングライフビル推進協会）などはその代表例である．

最終的に建築物は解体されるが，この解体工事では，労務災害が発生しやすく，ときには一般人を巻き込んだ事故も発生している．特に道路に面した建築物の解体工事では，あらかじめ適確な解体計画を作成し，解体途中の構造安全性を確認しながら解体作業を進めることが重要である．また，建築物の解体には"建設リサイクル法"の規制を受けるので，合わせて注意が必要である．

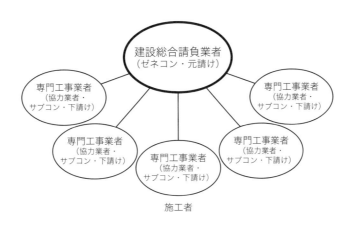

図1・1・2　我が国の典型的な施工組織（総合請負方式）

1·2 建築設計図書

前節で示したように，建築生産には数多くの技術者が関わる．そのため，建築生産のための情報は正確かつ円滑に伝達されなければならない．**伝達される情報の源となるのが設計図書である．**建築士法では設計図書および設計を以下のように定めている．建築基準法における設計図書の定義も同様である．

【建築士法第2条第5項】
「設計図書」とは建築物の建築工事のために必要な図面（原寸図その他これに類するものを除く．）及び仕様書を，「設計」とはその者の責任において設計図書を作成することをいう．

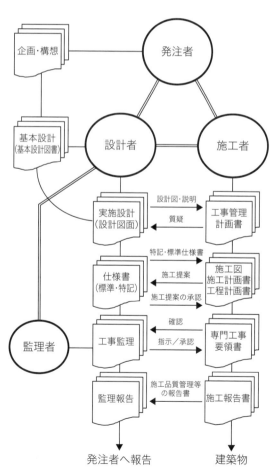

図1·2·1に，建築生産フローにしたがって伝達される主要な情報の概念を示す．同図において，**設計者の作成する設計図面と仕様書をもとに，質疑を繰返しながら，施工者は工事管理計画や施工計画を作成する．**通常，設計者の説明内容や質疑の内容・回答は，設計図書の一部として保管され，設計図面などよりも優先する決定事項として扱われる．

仕様書は使用する材料や工事の方法など，施工情報を設計図面に付加する役割を持つ．建築物の設計のたびに，仕様書を作成することは設計者の負担が大きいので，一般に使用される建築材料や施工方法の標準を示した「標準仕様書」が一般社団法人日本建築学会や一般社団法人公共建築協会から発行されている．設計者が標準仕様書を指定し，施工者は規定された仕様に基づき施工を行うこととなる．設計者が特に仕様を指定したい事項については，その工事部分を「特記仕様書」として仕様を作成することとなる．なお，当然のことながら，**特記仕様書の内容は標準仕様書の規定よりも優先される．**

また，図1·2·1において施工者が作成する「施工図」は設計図書の延長であり，施工を行うための図面として作成される．建築士法における定義に示したように，建築物の建築工事に必要な図面が「設計図書」の一部であるから，本来は不要であるという考え方もある．契約が厳格な諸外国ではこの定義の基に設計図書が作成されているところもあるが，我が国では伝統的に，設計と施工をつなぐ図面として施工図が作成されている．すなわち施工図は，「**計画・構造・設備設計を調整しながら設計図を実現するための工事用図面**」「**設計図書に示されていない部分を補う図面**」と位置づけられ，設計の内容を十分に把握し，専門工事業者にも協力してもらいながら作成する．

図1·2·1 設計者と施工者が作成する代表的な図書の流れ

1·3 工事監理と施工管理

　ここではまず，先に示した図1·1·1における工事監理者について述べる（通称サラカンと呼ばれる）．我が国の法律では，建築生産における工事監理者および工事監理業務を下記のように規定している．

【建築基準法第5条4第4項】
　建築主は，第1項に規定する工事をする場合においては，（中略）建築士である工事監理者を定めなければならない．

【建築士法第2条第7項】
　「工事監理」とは，その者の責任において，工事を設計図書と照合し，それが設計図書のとおりに，実施されているかを確認することをいう．

　上記に示すように，一般の建築物の施工において，工事監理者は必要不可欠な技術者である．**工事監理の業務は「設計図面のとおりに施工が行われているかを確認する」**ことであるため，工事監理者を設計者自らが行うこともあるし，組織設計事務所や総合建設業者等では「設計部門」で設計し，「監理部門」が工事監理を行うこともある．もちろん，発注者が第三者に工事監理を委託することもある．さらに建築士法では工事監理を行える建築士を指定しており，例えば規模が比較的大きく，多数の人が集まる施設（延べ床面積が500m²を超える学校，病院，劇場など）では一級建築士だけが工事監理業務をできると規定している（建築士法第3条第1項）．

　以上のように工事監理者は建築士すなわち設計者が務めるのが一般的である．**工事監理者は，施工品質の確認，工事方法や結果の承認および施工者への施工方法のアドバイスなどを行うため，施工技術や品質検査技術など，建築施工現場を熟知していないとその役割を果たせない．**

　一方，施工者を代表するのが施工管理者である（通称タケカンと呼ばれる）．一般に，総合建設業者の責任ある立場の建築技術者が務め，その業務内容は多岐にわたる．後述の3章に示す施工計画や4章に示す施工では，建築工事現場の指揮をとる役割を担当する．例えば，工事の品質管理，工程管理，安全管理，労務管理，衛生管理およびコスト管理など，建築工事を高品質，安全かつ円滑に進めるための調整や計画は施工管理者の重要な役割である．また，設計者や工事監理者との調整や専門工事業者が関わる工事の調整など，総合的な知識と技術を有することが必須であり，一般に現場での経験でその技術を蓄積していく．また，**施工管理者の技能として「設計図面から施工図面に展開する能力」が不可欠である．すなわち設計者が作成した図面を読み取って理解し，実際に建築物をつくる施工図に展開し，さらにそれを複数の専門工事業者の仕事に分解して伝達する能力が必要である．**

　大学で教育に携わっていると「設計図面を書くことが苦手だから施工管理に進みたい」という学生の声を時々耳にするが，実は，施工管理者には他人の書いた図面を理解し，施工図に引き継ぐという図面の読解力と作成能力が不可欠なのである．逆に，先に示したように設計業務の1つである工事監理は施工現場のことがわからないと務まらない．すなわち設計者は，単に図面を書くだけではなく，施工現場において品質管理等の経験は必須であり現場が苦手な人は一人前にはなれない．

1·4 建築生産に関わる社会規範

1·4·1 法律

1 建築基準法 —建築に関する法律の根幹

建築物には，そこを利用する人々の健康が損なわれないように，ある一定の居住環境が確保されるよう様々な条件が設けられている．例えば，住宅の居室では採光を確保するため部屋の床面積に対してある一定割合以上の面積を持つ「開口部（窓）」を設けること，最下階の居室の床が木造である場合には地面から湿気があがってこないような設計とすることなどが決められている．また地震によって建築物が倒壊，破損して人命や財産が失われないように，建築材料や建築物の構造設計にはある一定の基準が設けられている．このように，建築物には敷地，構造，設備，用途に関する

「基準」，都市計画区域内での建ぺい率や容積率などの「基準」が定められている．**建築に関する法律の根幹をなすものが，建築基準法である**．図1·4·1に建築基準法に規定された基準の概要を示す．

「建築基準法」の下には，具体的な方法や方策を定めた「建築基準法施行令」，基準法や同施行令を実施するための文書である「建築基準法施行規則」，さらに技術革新等で補完すべきところが出てきた場合は「建築基準法関連告示」が一連の法律として規定されるようになっている．その構成を図1·4·2に示す．また，関係法令としては，図1·4·3に示すように，都市計画法，建設業法，建築士法，消防法，障害者等の移動等の円滑化の促進に関する法律（バリアフリー新法）などが整備されている．

この建築基準法は，"これさえ守っていればどんな大きな地震が発生した場合でも安全が保証される"，また"日常生活において良好な居住環境が

1）建築物の安全・衛生を確保するための基準（単体規定）

●建築物の安全性の基準
地震，風，積雪等の荷重に対して安全な構造の基準

●火災等の安全性の基準
火災時の延焼，倒壊の防止，避難施設等の基準

●環境衛生に関する基準
居室の採光，換気，給排水設備，衛生設備等の基準

2）市街地の安全・衛生を確保するための基準（集団規定）

●敷地が一定の幅員以上の道路に接することを求める基準

●都市計画において定められた用途地域ごとに建築することができる建築物に関する基準

●建築物の容積・建ぺい率・高さ等の制限，日影規制等に関する基準

図1·4·1 建築基準法に規定される基準の概要

建築基準法……建築に関する法規の根幹

┬── 建築基準法施行令
│   ……基準法の規定を受けて具体的な方法・方策
│   を定めたもの
├── 建築基準法施行規則
│   ……基準法や施行令を実施する時に必要となる
│   設計図書や事務書式
└── 建築基準法関連告示
        ……技術革新へ対応するために基準法等を補完
          するもの

図1・4・2　建築基準法の構成

①都市計画法
　健康的に，また文化的な生活ができるように，計画的な市街地開発，施設整備（道路・公園・上下水道など）の基本的なあり方を定めた法律
②建設業法
　建設業者の資質向上，施工の適正化，発注者の保護を目的とした法律
③建築士法
　建築物の設計，工事監理に当たる技術者の資格を定め，業務の適正化，建築物の質の向上を目的とする法律
④消防法
　火災から国民の生命・身体・財産を保護するとともに，火災・地震などの災害による被害を軽減することにより，社会秩序を保持し，公共の福祉を増進することを目的として定められた法律
⑤障害者等の移動等の円滑化の促進に関する法律
　（バリアフリー新法）
　高齢者・障害者・妊婦・傷病者などが移動したり公共施設などを利用する際の利便性・安全性を向上させるために，公共交通機関・施設および広場・通路などのバリアフリー化を一体的に推進することを定めた法律

図1・4・3　建築基準法の関係法令

得られる”といった基準になっているわけではない．人々が暮らしていく中での必要最小限のことが規定された技術法令となっている．

2 建築確認申請 ―建築しようとする際の手続き

　実際に建築物を建てる場合には，「建築確認申請」という手続きが必要になる．これは建てようとしている建築物が建築基準法の各基準を満たしていることを建築主事と呼ばれる専門家に確認してもらうというもので，建築主は確認済証を受けなければ建築することはできないこととなっている．建築確認申請では，建築物の安全，衛生を確保するための規定（単体規定）のほか，その建築物の建設予定地に近接する他の敷地，建築物に影響を及ぼす建ぺい率や容積率，斜線制限などの規定（集団規定）も確認される．

　このように，もともと土地を持っているからと言って，勝手に建築物を建てることはできない．それだけではなく，築後，数年が経過し，家族構成が変化したということで増築する場合や，建築物の過半に及ぶような大規模な修繕，模様替えをする場合においても再度，「建築確認申請」の手続きが必要になる（建築する地域の条件と増・改築

する部分の面積によっては適用外になる場合もある）．

3 労働安全衛生法 ―労働災害の防止

　建築物自体ではないが，それをつくるプロセスにおいて忘れてはならない重要な法律がある．その1つが，「労働安全衛生法」である．これは，労働災害の防止について総合的，計画的な対策を推進することを定めた法律であり，建築工事以外の製造業などにも広く適用される．

　建築工事の場合は施工時の建物自体がつくりかけの状態であるため構造的に非常に不安定な状態であり，さらに作業のための仮設足場が設置され，資材なども現場に仮置きされている状態であるため，現場作業員の墜落等による労働災害も発生しやすい環境となっている．死亡事故等を発生させないよう，施工中においては「労働安全衛生法」に基づいた現場の管理が厳しく行われている．

　建築士の試験では，労働安全衛生法に関連する問題が頻繁に出題されている．このことは，**建築士は単に建築物を生産するだけではなく，生産するときに労働者や第三者の安全を守ることが責務であることを表している．**

1・4・2　規準／仕様書／指針

前出の「建築基準法」にある「基準」は，物事を判断するためのよりどころという意味である．ここで説明する「規準」は，何かを行うときの手本や標準になるものという意味があり，建築ではコンクリート構造物や鉄骨造などの構造設計，耐震設計，さらに耐火設計など，設計を行う際のルールが「規準」として整備されている．

建築生産における仕様書とは，「建築工事仕様書」のことを指す．建築物をつくるにあたってはまず設計図を作成するが，この設計図だけでは説明しきれないところも多い．図面に書き表せない内容を文章や図表で記載したものが「仕様書」であり，施工方法や使用する材料，仕上げの方法などが具体的に記載されている．なお，この工事仕様書を工事が行われる建物ごとにその都度作成するというのは非常に労力がかかる．そのため，1・2節に示したように実務者や学識経験者などによって作成された標準的な工事仕様書というものが各団体などから発行されており，それを利用することが多い．工事仕様書としては，国土交通省から公共建築工事標準仕様書，一般社団法人日本建築学会からは工事種別ごとに建築工事標準仕様書（JASS）が発行されている．

この他に，「指針や考え方」と呼ばれる技術資料がある．指針とは設計や施工を行う際の各技術の解説書，あるいは技術参考書といった位置づけのものである．具体的には，『鉄筋コンクリート造配筋指針・同解説』『鉄筋コンクリート造建物の耐震性能評価指針（案）・同解説』（いずれも一般社団法人日本建築学会より発行）などがある．

1・4・3　契約

1つの建築物を完成させるのに「設計者」「施工者」，また建築物が設計図書どおりにつくられていることを確認・検査する「監理者」など，多くの人達が関わる．当然のことながら，発注者は，設計者や施工者等と仕事の内容や最終的な成果物，その期日について契約を結んだ上で，設計あるいは工事をスタートさせる．現在，設計業務や工事監理業務については，例えば「四会連合協定建築設計・監理業務委託契約約款」，工事については，「民間（七会）連合協定工事請負契約約款」が関係団体等から出ており，それらを活用して契約が結ばれている．また，近年はCM方式（後述）など建築プロジェクトの進め方も多様になってきており，それぞれのプロジェクトの進め方に合った契約約款が別途用意されている．

なお，一般に発注者と受注者との間の契約形態としては，民法において3つの種類，①委任，②請負，③準委任がある．請負契約は，頼んだ仕事が「完成」するということをゴールとしており，仕事の結果に対して責任が問われる．委任（準委任）契約は，仕事の「完成」ではなく，"誠実に業務を実施すること"が契約の目的となっており，請負契約のように仕事の「完成」は目的とされていない．設計については，成果物である設計図面が完成する前の業務に対しても報酬は発生し，万が一，設計や建物に瑕疵（2・2・4項，p.26 参照）があったとしても，故意ではなく設計者としての注意義務を払っていたのであれば，原則として責任は問われないという考え方から，委任的な要素が強い契約であると言われている．一方，工事については契約で決められた工期内に建物を完成させることになるため，請負的な要素が強いと言われている．

1・4・4　資格

建築物はそれ自体が人々の生活環境や健康などへ多くの影響を与えるものであるため，法律などによって様々な条件が設けられている．そのため，建築物の設計・施工においては，一定の技術を有したものが責任を持ってあたることが求められる．

現在，設計や工事の責任者の立場にあるものは，建築士もしくは施工管理技士の資格を持った者があたることとしている．

建築士は国家資格である．一級建築士，二級建築士，木造建築士があり，設計・監理できる建築物の種類や規模が異なってくる．また，一定水準以上の施工技術を有していることを公的に認定した資格として，施工管理技士という国家資格がある．これにも1級建築施工管理技士，2級建築施工管理技士がある．

その他，扱う材料や工法によって，学協会等が認定する民間資格があり，工事の種類によっては，それらの資格保有者を管理者としなければならないなど，所要の品質を確保するために資格制度は活用されている．

1・4・5　保証と保険

建築や住宅についての専門的な知識を持っていない一般の人にとって，住宅等の建設あるいは購入に関してわからないことは多く，不安も大きい．

昔から施工の瑕疵などをはじめとした「欠陥住宅問題」は存在していたが，特に1990年代に大きな社会問題となり，マスコミ等でも大きく取り扱われるようになった．このような状況を受け，国でもそのための対策について検討が行われ，2000年に「住宅の品質確保の促進等に関する法律」（以下，品確法と記す）が公布され，すべての新築住宅に対して10年の瑕疵担保期間が義務化されることとなった．具体的には，構造耐力上主要な部分（住宅の柱や梁，基礎など）や屋根等の雨水の浸入を防止する部分の瑕疵について，引渡しの日から10年間はその瑕疵を修補もしくは損害賠償する義務を負うというものである．またこれと併せて，住宅等の性能を表示するための共通ルールを決め，それぞれの性能項目に対して住宅の性能が比較検討できるようなしくみもできている．

1・4・6　性能規定／仕様規定

1998年から2000年にわたって建築基準法は大幅な改正が行われた．そこでの改正の1つが，「性能規定化」である．これまでの建築基準法は，特定の構法や材料の寸法や形状などを具体的に記述した「仕様」による基準としていたが，この改正では建築物自体が本来有すべき「性能」によって基準を定めようとする「性能規定化」の考え方を取り入れようとしたものである．建築物の性能の観点から考えれば，それを達成する方法は1つだけではなく複数の方法が考えられ，自由度が広がるという意味において，民間等で開発された新しい技術等の適用が促進されるというメリットが期待されるものである．

当初は，構造安全性と耐火安全性の一部にこの性能規定化が適用されていたが，性能規定化を進めるための検証方法などが整備され，使用材料や断熱・遮音などの居住性にも展開されつつある．技術の進歩によって性能規定化の良さは発揮されるため，将来の建築技術者は技術を発展させていく，という重要な役割を担っている．

■演習問題

1. 建築生産フローを簡潔に示しなさい.

2. 建築生産におけるブリーフィングの意義と目的を説明しなさい.

3. 設計図面に加えて仕様書を作成する目的を簡潔に説明しなさい.

4. 標準仕様書と特記仕様書の違いを簡潔に説明し，その優先順位を示しなさい.

5. 施工図を作成する必要性を簡潔に説明しなさい.

6. 工事監理と施工管理のそれぞれの役割を簡潔に説明しなさい.

7. 工事監理者に必要な技術的な能力を簡潔に示しなさい.

8. 施工管理者に必要な技術的な能力を簡潔に示しなさい.

9. 建築基準法の役割を簡潔に説明しなさい.

10. 建築基準法における集団規定と単体規定の違いについて，それぞれ例を挙げて簡潔に示しなさい.

11. 建築生産に関わる重要な法令を示しなさい.

12. 建築施工における労働安全衛生法の意義を簡潔に説明し，建築士がこの法律を熟知すべき意義を説明しなさい.

13. 建築工事請負契約について簡潔に説明しなさい.

14. 建築生産における仕様規定と性能規定の違いを簡潔に説明しなさい.

15. 一級建築士の合格率を調べなさい.

16. 我が国における専門工事業者が実施する工種を調べ，数多く列挙しなさい.

2章

建築生産プロジェクト

我が国の建築市場の動向

1955年度以降，我が国で生産された建築物の床面積の年度推移を図2·1·1に示す．1960年以降，我が国の経済成長に伴い生産される建築面積は上昇の一途をたどり，1970年代から日本経済の絶頂期（バブル）を迎えた1995年頃までは，浮き沈みがあるものの合計で2億㎡以上の建築物が生産されていた．しかし，**21世紀に入ると経済の衰退とともに高齢社会を迎え，建築生産は減少の一途をたどり，2011年以降は床面積として1990年の約半分にまで生産が減少している**．

木造，鉄筋コンクリート造および鉄骨造建築物の建設床面積の推移をそれぞれ図2·1·2～図2·1·4に示した．構造種別によらず，全体的な傾向は図2·1·1と同様である．建築床面積に関し，2020年度で比較すると，木造建築物が最も多く，次いで鉄骨造，鉄筋コンクリート造の順となっている．ただし，1990年代に比較して鉄骨造の床面積の減少が著しいことがうかがえる．近年，鉄筋コンクリート造の高層化技術が著しく進歩し，高層建築物の生産が可能となったこともこの一因と考えられる．

図2·1·5には，新築工事および維持修繕工事に費やす工事金額の推移を整理した．この図に示すように，総合建設業者の工事高（金額）は1998年以降減少を続けている．この減少は新設工事の

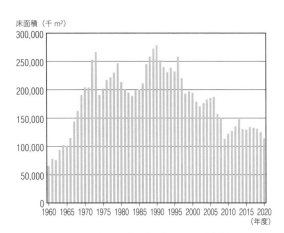

図2·1·1　建築工事着工面積の推移（すべての建築物）
（出典：国土交通省・建築工事統計調査より作成）

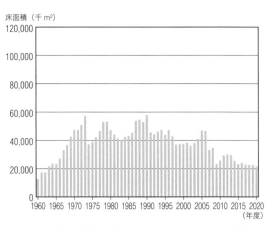

図2·1·3　建築工事着工面積の推移（鉄筋コンクリート造建築物）
（出典：国土交通省・建築工事統計調査より作成）

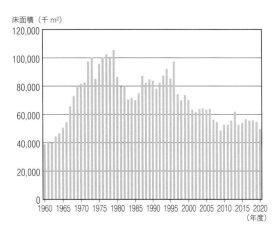

図2·1·2　建築工事着工面積の推移（木造建築物）
（出典：国土交通省・建築工事統計調査より作成）

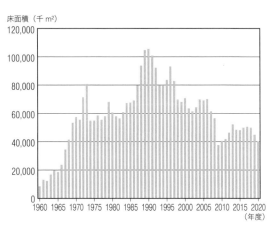

図2·1·4　建築工事着工面積の推移（鉄骨造建築物）
（出典：国土交通省・建築工事統計調査より作成）

減少によるもので，維持修繕工事に関する工事高はほぼ横ばいである．結果的に，折れ線で示すように，建築工事における維持修繕の占める割合が年々高くなっており，2013年以降は建築工事費全体の約28％が維持修繕工事に費やされている．

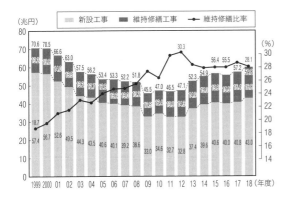

図 2・1・5　建築工事金額の推移
（出典：国土交通省・建築工事統計調査より作成）

2・2・1　建築生産の新しい潮流と建築技術者の責務

近年の社会情勢の急激な変化に伴い，**建築生産において重視すべきキーワードには，ストック＆リノベーション，環境配慮，生産性向上，消費者保護，品質重視が挙げられる**．これらを実現するため，常に新しい知識を吸収し，専門技術の研鑽を通して社会に貢献することが建築技術者には求められている．

特に近年では，**建設技術者として，常に念頭に置くべきは，Sustainable Development Goals（SDGs，持続可能な開発目標）と呼ばれる世界共通の目標である**．SDGsは，よりよい世界をつくるための，今後の世界はどの方向に向かうべきかの合意事項，共通の言葉と言える．SDGsは，

図 2・2・1　SDGs の 17 のマテリアリティ
（出典：国際連合広報センター「2030 アジェンダ｜国連広報センター」
（https://www.unic.or.jp/））

表 2・2・1　建築施工技術のキーワードと SDGs のマテリアリティの関係（出典：同上）

キーワード	SDGs マテリアリティ				
ストック＆リノベーション	9 産業と技術革新の基盤をつくろう	11 住み続けられるまちづくりを	12 つくる責任つかう責任		
環境配慮	7 エネルギーをみんなにそしてクリーンに	12 つくる責任つかう責任	13 気候変動に具体的な対策を	14 海の豊かさを守ろう	15 陸の豊かさも守ろう
生産性向上	9 産業と技術革新の基盤をつくろう	12 つくる責任つかう責任			
消費者保護	3 すべての人に健康と福祉を	10 人や国の不平等をなくそう	12 つくる責任つかう責任	16 平和と公正をすべての人に	
品質重視	11 住み続けられるまちづくりを	12 つくる責任つかう責任			

2015年9月に国連に加盟する193カ国すべてが合意して採択したもので，貧困撲滅や格差の是正，気候変動対策など国際社会に共通する図2・2・1に示す17の目標（マテリアリティ）が2030年までに達成されることを目指している．SDGsの大きな特徴は，これら課題解決を担う主体として民間企業が位置付けられている点にあり，建設会社を含む日本企業の間で，SDGsが設定する目標を経営戦略に取り込み，事業機会として生かす動きが急速に広がっている．前述のキーワードは全てSDGsのマテリアリティに合致しており（表2・2・1），これらキーワードの実現に向かって建築施工技術の観点から努力することが重要となっている．

2・2・2　ストック＆リノベーション

1960年から70年代にかけての高度経済成長期以来，我が国の建築生産においては，20〜30年程度の短い供用期間にて建築物を取り壊し（スクラップ），新しく建て直す（ビルド），すなわちスクラップ＆ビルドが主流であった．しかし，経済性，環境負荷の点からこの方法を継続することは難しく，現存する建築物（ストック）を維持補修しながら（リノベーション）長く供用することが重要となってきた．

図2・2・2は，建築物ストックの竣工年別床面積を表している．竣工から30年を超える建築物は35億m²で，図2・2・2に示す1991年度以降のストックの総床面積74億m²に比べ少なく，スクラップ＆ビルドが長年にわたり継続されてきたことが伺われる．

建築物の供用期間を長くするためには，建築物の性能を保持するための維持管理を計画的に行うことが必要となる．維持管理の基本的な考え方を図2・2・3に示す．この図は，要求水準より高い性能で建設された建築物が供用され，経年に伴って劣化し性能が低下することを表している．この劣化に対し，建築物の所有者は，点検を行ってその

状況を把握するとともに対策として補修を行い性能を回復させることが必要となる．さらには，社会状況の変化に伴い，建築物の性能や品質を向上させることが供用継続の要件となることも多く，その場合には補強等により初期より性能を向上させることが必要となる．

地震国であるわが国では，耐震性に関する補強（耐震補強）が必要となる場合がある．耐震補強とは，新築時には当時の要求性能を満たしていたが，耐震基準が段階的に引き上げられたことに伴い，現時点では要求性能を満たさず不適格となっている既存建築物に対し，新たな耐震部材を増設するなどにより，耐震性能を向上させることを言う．特に，1981年の建築基準法施行令改正によるいわゆる新耐震基準によって要求性能が大幅に引き上げられ，それ以前に建設された建築物の多くに対し耐震補強が必要な状況となった．このような耐

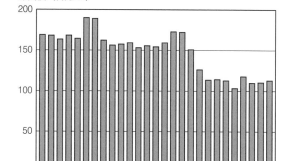

図2・2・2　建築ストックの年代推移
（出典：国土交通省「報道発表資料：建築物ストック統計の公表について」（https://www.mlit.go.jp/））

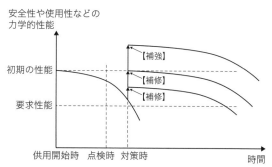

図2・2・3　建築物の維持管理の基本的な考え方
（出典：土木学会『コンクリート標準示方書［維持管理編］』2007）

震補強の例を図2・2・4および写真2・2・1に示す．耐震補強では，柱のせん断破壊を防止する措置を行ったり，柱と梁のみによる開口にブレースや耐震壁を増設することが一般的である．

このような適切な維持管理を行うことに加え，施工時の品質を長期供用に適するよう確保することにより，特に住宅では3世代（75〜95年間）の長期供用を推進する法律の体系が品確法において既に整備されている．同法では，長期の供用に耐えるように，構造安全，火災時安全，劣化の軽減，居住環境などの項目について高い品質を確保するための主として設計の枠組みを定めている．例えば，鉄筋コンクリート造の建築物では，劣化の軽減について，コンクリートの中性化に起因し鉄筋の腐食が進行して供用不能になることを予防するための措置が要求されている．その方策として，コンクリートの水セメント比をできるだけ小さくすることで中性化の進行を抑制し，同時に建築基準法で定められた値以上のかぶり厚さ（図2・2・5，表2・2・2）を確保することにより，供用期間中には鉄筋位置まではコンクリートの中性化が進行せず鉄筋が腐食しないことを担保している．

写真2・2・1　耐震補強の例（外付け鉄骨ブレースによる補強）

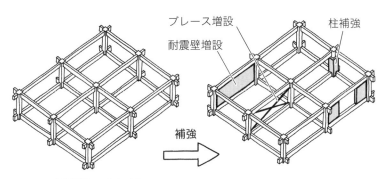

図2・2・4　耐震補強のイメージ

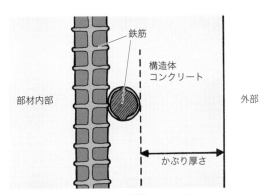

図2・2・5　鉄筋コンクリート部材のかぶり厚さ

表2・2・2　劣化の低減を実現するための鉄筋コンクリート構造物のかぶり厚さ

部位			建築基準法	住宅品確法	
				W/C 50%以下	W/C 55%以下
直接土に接しない部分	耐力壁以外の壁または床	屋内	2cm	2cm	3cm
		屋外		3cm	4cm
	耐力壁，柱または梁	屋内	3cm	3cm	4cm
		屋外		4cm	5cm
直接土に接する部分	壁，柱，床，梁または基礎の立ちあがり部分		4cm	4cm	5cm
	基礎（立ちあがり部分および捨てコンクリートの部分を除く）		6cm	6cm	7cm

2・2・3　環境配慮

政府の重要施策として**循環型社会形成推進基本法**が制定され，廃棄物の適正処理の推進に向けた多くの法律の制定による規制，およびグリーン調達法などのリサイクル推進への誘導が政策として推進されている（図2・2・6）．これらを受け，環境負荷低減は，建設産業にとっても大きな目標となっている．

環境影響低減に関し，CO_2排出削減が建設業の重要な責務のひとつであり，日本政府が2050年のカーボンニュートラルの実現を2020年12月に宣言したことで，CO_2排出削減に向けての一層の努力が急務である．日本全体のCO_2排出量の2019年度実績である約12億トンに対し（図2・2・7），後述のサプライチェーンも含め建設産業に関連するCO_2排出量が占める割合は大きく，1/3に達す

ると言われている[1]．

建設関連を含め事業者は，材料調達など上流から，自社での生産活動，生産した製品の供用と廃棄に至る一連のサプライチェーンといわれる生産活動に関わる全過程におけるCO_2の削減を目指す必要があり，図2・2・8に示すように，CO_2排出量はサプライチェーン中での位置付けによりScope1,2,3と区分されている．そのうち，自社の生産活動に直接関わるScope 1および2が最も重要であり，第一にその排出削減への取り組むことが必要である．建設関連産業では，Scope1は施工現場での重機やクレーンの稼働などよるCO_2排出であり，この施工段階でのCO_2排出量は，建設業全体の努力により1990年に比べ最近では大きく減少しているものの（図2・2・9），その削減は施工量の減少による部分も大きく，施工高あたりのCO_2排出量については，20%程度の減少に留まり（図2・2・10），

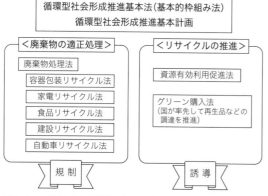

図2・2・6　リサイクル推進のための法体系
（出典：日本コンクリート工学協会『環境時代におけるコンクリートイノベーション』2008）

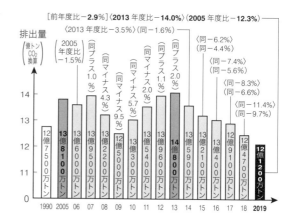

図2・2・7　日本全体のCO_2排出
（出典：環境省「2019年度（令和元年度）温室効果ガス排出量」2021）

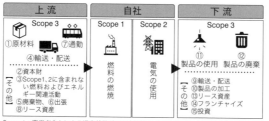

Scope 1：事業者自らによる温室効果ガスの直接排出（燃料の燃焼，工業プロセス）
Scope 2：他社から供給された電気，熱・蒸気の使用に伴う間接排出
Scope 3：Scope 1、Scope 2以外の間接排出（事業者の活動に関連する他社の排出）

図2・2・8　CO_2排出のサプライチェーンにおける区分
（出典：環境省　https://www.env.go.jp/earth/ondanka/supply_chain/gvc/supply_chain.html）

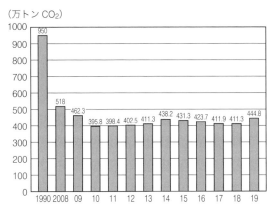

図 2・2・9　施工段階での CO₂ 排出量の推移
（出典：日本建設業連合会『建設業ハンドブック』2020）

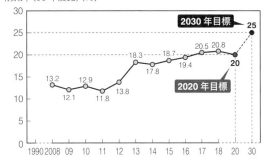

図 2・2・10　施工段階における CO₂ 排出量削減率の推移（1990年度比）
（出典：日本建設業連合会『建設業ハンドブック』2020）

表 2・2・3　施工時における環境配慮の例

環境影響領域		具体的内容
地球環境保全	地球温暖化	代替型枠の利用促進（熱帯材の低減）
	天然資源枯渇	再生資源の活用（骨材枯渇化への対応）
	エネルギー消費	省エネ運転の実施（エンジン回転の抑制，アイドリングストップ，こまめな消灯ほか）
		建設機械，トラック等の燃費効率の改善（基本設計の変更，内燃機械の清掃・管理）
		新エネルギー動力器機の開発
		建設機械の電動機駆動への転換化，ハイブリッド化の採用
		低電力機器の採用
		重貨物の総合輸送化（積載効率の向上，複数現場の混載輸送，資材のまとめ購入ほか）
		エネルギー源の変更
	オゾン層破壊	フロン発泡吹き付け断熱材の使用制限
		廃棄フロンの回収
地球環境保全	大気汚染	建設機械，トラック等の排ガス規制車の採用
		排ガス浄化装置の導入
		建設機械，トラック等の適正整備（動作時排出ガスの削減による大気汚染防止）
		重貨物の総合輸送化（輸送時排出ガスの削減による大気汚染防止）
		アイドリングストップ（輸送時排出ガスの削減による大気汚染防止）
	水質汚濁	湖沼生態系に配慮した水中工事における新工法の適用
		発生汚濁水の適正処理（現場内処理，工場処理）
	騒音・振動	低騒音器械の採用
		防振装置の採用
		建設機器への騒音低減設計の導入
		ウォータージェット工法の採用
		放電衝撃破砕工法の採用
	土壌汚染	土壌浄化
		ダイオキシン汚染土の無害化工法
	悪臭	有害物質使用量の削減と外部放出の規制
	化学物質	建設機械用潤滑油の現状と規格調査（環境保全対策）
		環境負荷の低い副資材の使用
		有害物質使用量の削減と外部放出の規制
		MSDS^{注)} の提出と確認の徹底
	最終処分・リサイクル	建設機械整備の適正化（廃油，排水対策）
		現場循環型工法の採用
		現場でのゼロエミッションへの取り組み
		現場からの発生土搬送量の削減
		自走式土質改良機・自走式破砕機の導入
		現場での浚渫発生土のリサイクル
		解体コンクリートの再資源化
		現場への搬入資材量の削減

注）Material Safety Data Sheet の略．化学物質安全性データシートのことで，化学物質が含まれる原材料を安全に扱うための情報を記載したもの．

（出典：日本建設業連合会『建設業ハンドブック』2012）

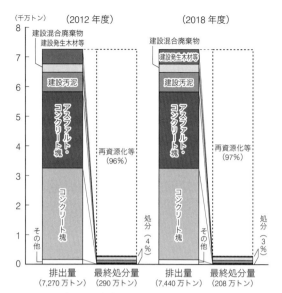

図2·2·11　建設業の廃棄物排出と再利用の状況
(出典：日本建設業連合会『建設業ハンドブック』2020)

さらなる努力が求められる*2.

　一方，建設業における廃棄物の排出と再利用状況を図2·2·11に示す．建設業においては多くの廃棄物を排出するものの再利用も進んでおり，再資源化の割合は90％を超えるレベルを達成している．しかし，廃棄物の中で大きな割合を占めるコンクリート塊の再利用の用途は主として路盤材であり，道路建設が今後減少していくことが予想される中，新たな再利用方法の開発が課題となっている．

　上記に示したように，建築施工における環境配慮は多岐にわたるが，その一例を表2·2·3に示した．

2·2·4　生産性向上

　顕著な減少傾向にある建設技能者数を背景に，建設産業が直面する差し迫った課題に生産性向上があり，課題解決へ向け有効な対策を講じることが必要である．図2·2·12は，建設技能者数の推移で，ピーク時の技能者数685万人に対し，2019年度にはその70％の327万人まで減少している．さらに，2025年には216万人まで減少が見込まれ，建設投資予測から算定される必要技能者数に対し，77〜99万人が不足すると予想されている*3.

　従って，今後の建設需要を満たし社会的責任を果たすため，建設業では建設生産性を大幅に向上させることが必須となる．残念ながら，建設業では，他の製造業の事例に比べ，これまで生産性改善の実績に乏しく（図2·2·13），ICT技術等の活用による生産性向上の余地は大きいと考えられる．

　これらを受け，生産性向上の重要性が広く認識され，その実現に向けた動きが活発である．例えば建設業界を代表する（一財）日本建設業連合会では，生産性向上への基本施策*4をまとめるなど，最も重要な課題として解決に向け取り組んでおり，建設企業各社でもBIMを中心とした施工管理のICT化や建設作業の機械化・自動化へ向けて大きな研究開発投資を行っている．

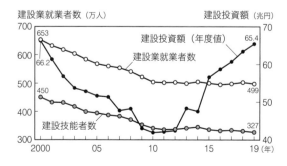

図2·2·12　建設業の就業者数の推移
(出典：日本建設業連合会『建設業ハンドブック』2020)

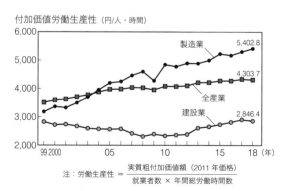

図2·2·13　労働生産性の推移
(出典：日本建設業連合会『建設業ハンドブック』2020)

2・2・5 消費者保護

　瑕疵とは，建築生産に関わる技術者の責任によって，一般的に備わっていて当然の機能が備わっておらず，欠陥・欠点があることを言う．また瑕疵担保責任とは，瑕疵があった場合に，建築主から出される損害賠償などの請求に対して施工者が負うべき担保責任である．瑕疵担保責任は，一般消費者が買主である住宅においては特に重く定められ，住宅に関する消費者保護の観点から，品確法および「住宅瑕疵担保履行法」（以下，瑕疵担保履行法と記す）が施行されている．品確法では，新築住宅の構造耐力上主要な部分と雨水の侵入を防止する部分の瑕疵については（図 2・2・14），無償補修や賠償の責任を最低 10 年間負うとしており，一般建築物の場合の 1 年ないし 2 年に比べて重い責任が課せられている（表 2・2・4）．瑕疵担保履行法では，住宅販売業者が倒産等により瑕疵担保責任が履行できない場合に備え，保険加入や保証金の供託を義務化し，瑕疵補修のための費用が確保されることになる．

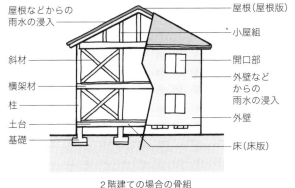

図 2・2・14　構造耐力上主要な部分と雨水の浸入を防止する部分

表 2・2・4　住宅の瑕疵担保期間

対象となる部分		10年間の瑕疵担保責任の対象となる瑕疵	従来どおりの扱いとなる瑕疵	技術的基準の対象範囲
新築住宅の「住宅の構造耐力上主要な部分等」	構造耐力上主要な部分として政令で定めるもの	構造耐力に影響する瑕疵		(1)一部を対象としている
			構造耐力に影響のない瑕疵	
	雨水の浸入を防止する部分として政令で定めるもの	雨水の浸入に影響する瑕疵		(2)対象外
			雨水の浸入に影響のない瑕疵	
上記以外の部分			すべての瑕疵	

・「住宅新築請負契約」においては，注文主に引き渡した時から 10 年間（品確法 94 条）
・新築住宅の売買契約においては，買主に引き渡した時から 10 年間（当該新築住宅が住宅新築請負契約に基づき請負人から当該売主に引き渡されたものである場合にあっては，その引渡しの時から 10 年間）（品確法 95 条）
・最長 20 年まで瑕疵担保期間を伸張できることとしている品確法 97 条（瑕疵担保責任の期間の伸長等の特例）の対象となる瑕疵は，この両方の瑕疵である

2·2·6　品質重視

　建築施工において，施工品質を確保することはこれまでに増して重要となっており，品質問題に対する社会的の目は非常に厳しい．

　建設生産現場における施工品質を確保するための各技術者の役割は以下のとおりである．

・施工者：プロセス管理と材料や部材の性能確認による管理．

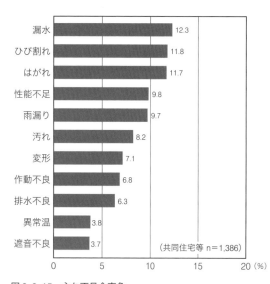

図 2·2·15　主な不具合事象
（出典：住宅リフォーム・紛争処理支援センター『住宅相談と紛争処理の状況　Chord Report 2021』2021）

・設計者・工事監理者：設計どおりに施工されていることの確認，工事方法の承認と工事結果の確認発注者：要求する性能を施工者に明確に伝達．

　建築施工において，建築物の性能を直接確認することは難しい．例えば，耐震性は地震が来ないと確認できない．そこで，建築施工では，各工種において QC 工程表と呼ばれる工程に沿って実施項目と検査方法を明示したフローを作成し，その各プロセスでチェックすべき項目と方法を明らかにするプロセス管理と呼ばれる方法を取り施工品質の信頼性向上を図ることが通常である．なお，QC とは Quality Control の略である．

　品質管理に関しては，三大瑕疵とよく言われる漏水，ひび割れ，タイル剥落については特に注意が必要である．図 2·2·15 および図 2·2·16 は建築紛争に関わる住宅相談に占める不具合事象について示している．図 2·2·15 から，漏水とひび割れの比率が高いことがわかる．このような不具合を減少させるために生産プロセスにおける品質管理が極めて重要なのである．

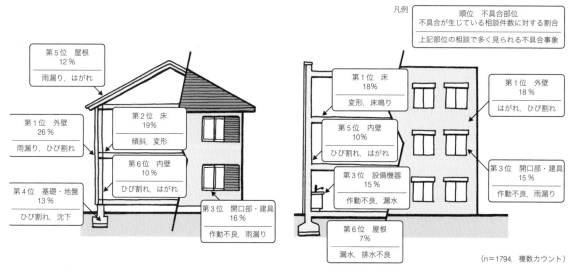

図 2·2·16　建築紛争に関わる住宅相談におけとひび割れの比率る不具合部位と事象
（出典：住宅リフォーム・紛争処理支援センター『住宅相談と紛争処理の状況　Chord Report 2021』2021）

2·3 建築プロジェクトの分類

2·3·1 建築プロジェクトと他の製造業との違い

建築物が機械や電気製品などの他の製造業の"製品"と異なる点として，「1つとして同じものがない」といった点がよく挙げられる．建築される場所が違えば，立地条件や環境条件が異なるため，建築物に求められる性能や機能を実現するための設計内容が異なってくるので当然である．また，建築プロジェクトごとに設計者や施工者などの顔ぶれが異なっているところも，他の製造業との違いの1つに挙げられることも多い．

このように立地条件や所期の目標が異なる建物を，決められた期間内に，さらには予算内で完成させるための建築プロジェクトの運営方法や発注方法について，公共建築物，民間建築物に関係なく，最適な方法についての議論が続けられている．

2·3·2 建築プロジェクトの発注形態

建築プロジェクトの発注を考える場合には，「①設計者や施工者を選ぶ方法としての発注方式」と「②プロジェクトの運営方法」という2つの要素の組合せで考えていくことになる．①の発注方式の具体的な例としては一般競争入札，指名競争入札などがあり，②のプロジェクトを進める上での運営方法の例としては，設計施工分離発注方式，設計施工一括発注（デザインビルド）方式等を挙げることができる．このように，実際に発注する際には多様な組合せの発注方式が存在する．

日本国内での建築工事（施工段階）の主な発注方式としては，一般競争入札や指名競争入札で選定された業者が施工を一括して請負うことが多い．中には施工をそれぞれの専門の業者に分離して発注するというケースもあるが，その場合は，発注者側に施工のマネジメント能力を有する技術者が

いるということが前提となる．

施工を一括して請負う形態をとった場合に，設計も一括して受けるか，分離するかによって建築プロジェクトの形態は異なる．設計も同じ業者が受注する場合は「設計施工一括発注（デザインビルド）方式」，施工とは別の業者が設計を受注する場合は「設計施工分離発注方式」であり，日本においてはこの2つの方式が大きな割合を占めていた．しかしながら，近年は建築プロジェクトのプロセスやコスト構成の透明化が求められるようになり，今までとは異なる「CM（コンストラクション・マネジメント）方式」やECI方式の採用も増えてきている．

以下に，主な建築プロジェクトの方式について解説する．

2·3·3 建築プロジェクトの実施方式

1 設計施工分離発注方式

図2·3·1に示すとおり，**設計施工分離発注方式とは，企画や設計段階と施工段階の業務を別々の組織に発注して建築プロジェクトを進めるものであり**，日本国内では公共工事を中心として多く採用されている方式である．一般的には，企画・設計段階は設計事務所，施工段階については総合建設業者に発注されることが多い．

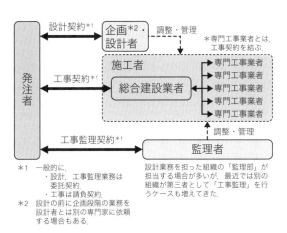

図2·3·1 設計施工分離発注方式

企画・設計業務について，これまで企画業務は設計業務の一環として実施されることが多かったが，前出のとおり建築プロジェクトの初期段階で発注者のニーズを抽出し，事業目的や意図を明確にしていくことが，発注者，ひいては社会全体としての最終的な満足度につながるということが認識されるようになり，設計業務の前にきちんとした企画業務を実施することも増えてきている．

施工段階では，総合建設業者が建築工事を一式として発注者から請負い，工程管理，専門工事業者間の調整，品質管理，コスト管理等，施工段階の全体をマネジメントすることになる．具体の工事については，総合建設業者がコンクリート工事や鉄骨工事などの各専門工事業者と下請け契約を結び，工事を進めていくこととなる．

この方式の場合，**設計情報をいかに適切に施工段階の関係者へ伝え，品質を確保していくのかが重要となる**．瑕疵等が発生した場合，それが設計上の問題なのか，施工上の問題であるかが必ずしも明確にならない場合も多く，トラブルになるケースもある．

② 設計施工一括発注（デザインビルド）方式

設計施工一括発注方式とは，図2・3・2に示すように企画・設計段階と施工段階を一体的に発注する方式である．そのため，受注する組織には，「設計」と「施工」の両方の技術力を有していることが必須条件となる．日本の建設会社の中には設計部門と施工部門とを併設しているところがあり，このような建設会社が企画・設計から施工までの建築プロジェクトを一括して受注しているケースがある．海外においては，建設コンサルタントまたは設計事務所と，建設会社の連合体で受けるようなこともある．

1つの主体で企画・設計から施工までを担当するため，設計に施工技術のノウハウを取り込むことができる．また**単一組織が明確な責任を持つ等のメリットがある反面，設計段階と施工段階とが分離されていないためチェック・バランスの機能が働きにくく，またコスト的な面においては不透明な部分が多いとの指摘もある．**

日本においてこの設計施工一括発注方式は，民間建築工事の特命工事として発注されることが多い．中でも，1社に特命発注するケースが多いという特徴がある．この方式は，欧米主要国でも採用されるケースがあるが，日本の設計施工一括発注方式とは多少システムは異なり，建築プロジェクトの企画や入札にあたっての審査，さらには工事のコスト，工期，品質等の監理については，別途，発注者側に立ったコンサルタントもしくは建築家に担当させている．

③ CM（コンストラクション・マネジメント）方式

設計施工分離方式は，設計が完了した後，それ

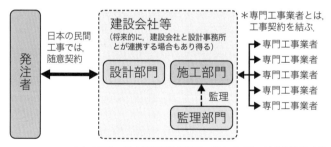

図2・3・2　設計施工一括発注（デザインビルド）方式

をもとに工事の入札，発注が行われる．しかしながら，設計が終わっていなくてもできるだけ早く工事に着手したい場合や，設計に施工技術のノウハウを生かしたいような場合には，従来方式ではうまく管理することができない．1960年代のアメリカでは建築プロジェクトが大型化・複雑化し，従来の設計施工分離方式では工期，コスト，品質の面で様々な問題が頻出したため，これらの問題を解決する発注方式の1つとして，**発注者から委任を受けたコンストラクション・マネージャー（以下，CMrと記す）が技術的な中立性を保ちながら発注者の立場に立って建築プロジェクト全般を運営・管理していく方式が生まれた．**

先に述べたとおり，これまで日本においては，設計施工分離方式や一括発注方式による建築プロジェクトが多かったが，本当にコストや品質等がマネジメントされたものとなっているのか，発注者側に疑問や不満がなかったわけではなく，やはり透明性を確保した建築プロジェクトの運営が望まれていた．また，地方自治体においては十分に建築技術者を配属できないようなところも出てきており，そのようなところでも適正な建築プロジェクトの運営を可能とする発注方式の検討が始められたという背景がある．

さて，**CM方式では，CMrは設計内容や工事発注方式に関する検討，さらに工程管理やコスト管**理などの様々なマネジメント業務を発注者側にたって行うが，契約の条件などによっていくつかの種類がある．1つが，発注者と総合工事業者または専門工事業者らが工事契約を結び，CMrがそれらをマネジメントするタイプ（総合建設業者による一括請負方式の場合，発注者と専門工事業者は間接的な契約関係となるが，CM方式では発注者と専門工事業者が直接契約を結ぶことが可能），もう1つが発注者が直接総合工事業者らと工事契約を結ぶほかに，CMr自らが一部の総合工事業者または専門工事業者と工事契約を結び，工事のリスクを一部負うタイプのマネジメント方式がある．前者は図2・3・3に示すピュアCM方式と呼ばれるものであり，後者は図2・3・4に示すCMアットリスク方式である．

CMアットリスク方式はピュアCM方式が発展した方式と言われており，工事費の最高限度額や工期を保証する条項を契約に追加し，CMrに工事に伴うリスクを負わせるというものである．

国土交通省ではCM方式の円滑な普及を図る目的から2000年度に「CM方式研究会」を発足し，その後2007～2009年度に公共発注者の実態調査等を行い，2014年度から「多様な入札契約方式モデル事業」として地方公共団体のCM方式導入を支援している．2011年に発生した東日本大震災の被災地の復興工事においては，一部の自治体で

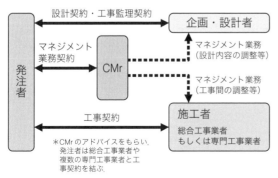

図2・3・3　CM方式（ピュア）

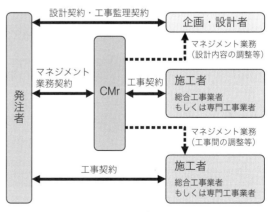

図2・3・4　CM方式（アットリスク）の例

CM 方式を活用した設計・施工一括発注方式が適用された.

4 PM（プロジェクト・マネジメント）方式

建築プロジェクトが複雑化し，また規模が大きくなると，発注者側にはその目標を達成するために建築技術に関する専門的な知識が必要になってくる．PM（プロジェクト・マネジメント）方式とは，このような場合に発注者の代理人として専門知識を持ったプロジェクトマネジャー（以下，PMr と記す）を立て，必要なマネジメント業務を担当してもらう方式である（図2・3・5）．PMr は建築プロジェクト全体を管理・調整しており，例えば企画内容が発注者の意図したものとなっているか，また設計内容が発注者の要求条件を満たしているのかと言った点について確認するとともに，決められた工期および予算で工事を遂行するための工事の調達，進捗管理等を担当する．

教科書的には，PMr は発注者の代理人として建築プロジェクト全般を担い，CMr は工事請負業者の管理を行うという説明になるが，前項で説明したとおり，現状，CMr の担う業務は発注者関係事務の支援業務も範囲としている場合も多く，PMr と CMr の業務範囲やその定義は明確にできていないようである．

5 ターンキー方式

ターンキー方式とは，欧米のプラント等の生産施設の建設で適用されていた発注方式である．契約を済ませば，"最後に鍵を渡され，それを回せば機器等がすぐに運転可能となる状態まで整えて発注者に引き渡される"というプロジェクトの運営方式であり，建築に当てはめると，"すぐに住むことができ，設備機器なども使用できる状態で建築物を引き渡す方式"であり，ここまでを受注者の責任範囲としている．

海外での発電所の建設と発電事業，下水処理施設等では，日本企業が受注しているケースも多い．

6 ECI 方式

ECI（Early Contractor Involvement）方式とは，工事前の設計段階から施工者が関与する方式であり，施工者は発注者が別に契約する設計業務へ技術協力として工事前段階からプロジェクトに参画するというものである．有名な事例としては東京オリンピック会場として建設された新国立競技場があげられる．難易度が高く，施工事例も少ない建築工事であったが，実施設計段階の技術協力によって実現可能な施工方法等の提案がなされ，それらを踏まえた設計とすることによって，工期内に完成することができた．

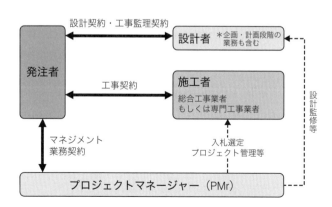

図2・3・5　PM 方式の例

2·4　発注・契約方式

2·4·1　発注の方法

　建築生産プロジェクトの方式が定まり，設計図書が完成すると，建築主は実際に建築物を施工する業者を選定し，工事契約を締結して施工段階に進む．工事の方式は，直営方式と請負方式に大別される．直営方式は総合建設業者が未熟であった頃に，発注者みずからが工事計画を立て，材料を購入し，労働者を雇用して工事を実施していたものであり，現在は限られた条件でしか採用されない．

　請負方式は，建築主が施工者と工事請負契約を締結して施工を実施させる方式であり，我が国のほとんどの建築施工はこの方式で実施されている．請負方式もさらに総合請負方式と分割請負方式に分けられる．

　総合請負方式は一括請負方式とも呼ばれ，工事の全部を一括して総合建設業者が責任を持って実施するものであり，準備工事から竣工するまでの工事を，材料供給，労務供給ともに一括で請け負わせる．我が国では多くの総合建設業者，いわゆるゼネコンが成長し，建築生産の中枢を締めるようになった．

　分割請負方式とは，工事を分離分割して，それぞれ別の業者に請け負わせる方式である．この代表が専門工事別分割請負であり，工事の中で躯体工事から付帯工事（例えば電気，空調，エレベーター工事など）を切り離して，これらの専門工事業者に直接発注請け負わせる方式である．分割請負には他に，工区別分割請負方式（工事を複数の工区に分けて発注）や工程別分割請負方式（地盤工事，躯体工事，仕上げ工事など工程ごとに分離して発注）などがある．

2·4·2　請負業者の選定

　施工の請負業者の選定は主として図2·4·1に示すような方法で行われる．この図に示すように，請負業者の選定方法は大きく，随意契約と競争入札に分けられる．

　随意契約は，発注者が自分の意志で業者を選定するものである．例えばマイホームを建設するときに自分の好みのハウスメーカーを選定して設計・施工を依頼することがこの方法に相当し，民間工事では多く採用されている．過去の発注実績や商業上の付き合いなど，様々な理由でこの方式が採用される．なお，随意契約のうち，見積り合わせは，同等の技術を持つと判断される施工業者に対して工事費用の見積りをとり，安い価格の業者と請負契約を結ぶ方法である．

　競争入札は，公共工事では必ずと言っていいほど採用される業者選定の方式である．これは施工業者に工事の請負金額を見積もらせ，その金額を届け出させて（入札），金額の最も安い業者を請負業者に選定する方式である．入札に参加できる業者の範囲を絞るか，絞らないかによって，一般競争入札と指名競争入札とに分けられる．

　一般競争入札は，入札参加者を広く公募して，入札を行う方式であり，参加希望者に広く均等な機会を与えるというメリットがあるが，一方では超低価格落札や施工能力に問題のある業者が落札することもあり，工事品質確保や事務作業の繁雑さといった点がデメリットと言える．

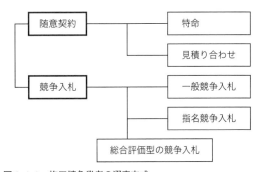

図2·4·1　施工請負業者の選定方式

これに対し，指名競争入札は入札参加者を制限して，入札に参加させるものであり，特命と一般競争入札の中間的な方法と言える．一般に工事の規模や地域性を考慮して，資本金や過去の実績に基づくランクにより入札参加者を絞ることが多い．工事の品質を確保でき，発注者としては安心して契約を結べるため，実際の公共工事では最も多く採用されてきた方式であるが，入札参加者が限定されるため，談合が生じやすいと指摘され続けてきた．

近年では工事の発注契約を入札金額だけで施工者を決定せずに，**業者の施工技術や能力を含めて評価する方式が広まっており，この方法を総合評価方式（総合評価型の競争入札）と言う．**これは，発注者が，施工に関し，特定の課題を設定し，この課題を実現するための施工方法や技術を提案させ，その技術提案を入札金額と合わせて評価する方法である．この方法では，最低の金額を入札した業者が，優れた技術提案をした業者に逆転されるということも生じる．総合評価の方法は官公庁や自治体によって若干異なっているが，最低金額だけで建築工事の請負契約が行われた時代は終わりつつあると言えるのかもしれない．

なお，**工事の請負業者は単独の企業が請け負う単独請負と，複数の企業が共同で請け負う JV（Joint Venture）がある．**近年の大規模な公共工事では JV で請け負うことが多い．

2・4・3　請負契約の締結

請負業者が決定すると，発注者（建築主）と受注者（請負業者）との間で工事請負契約が締結され，両者の関係が法律によって確固たるものとなる．すなわち，請負業者は建築工事の完成義務と代金請求の権利を持ち，建築主は代金支払い義務と建築物の所有権を持つ．この請負契約を締結するために必要な書類が下記の3種類である．

①工事請負契約書
②工事請負契約約款
③設計図書

工事請負契約書には，発注者・請負者名，工事名称，工事場所，工事内容，着手・完成の日時，請負金額の額やその支払い方法などを記載し，建築工事に当たっての約束事を取り決める．工事請負契約約款は一般社団法人日本建築学会や一般社団法人日本建築士会連合会など，民間団体が連合で協定した約款（民間（七会）連合協定工事請負契約約款）が一般に用いられている．この約款には，工事の一括委任・一括下請けの禁止，工事関係者の正当な交替要求，損害が生じたときの責任所在や責任期間など，倫理や紛争解決手段等に基づく内容も含めて規定される．

2·5 生産情報の伝達と蓄積

2·5·1 「設計説明書」と「設計品質伝達表」

明治時代以前の大工の棟梁は，自ら設計したものを自らが建築していたが，現代においては設計と施工とを同じ人ですべて行うということは，非常に小さい建物を除けば，ほとんどないと言ってよい．そのため，設計者がどのような意図を持って設計したのか，これを施工者に適確に伝えることが，発注者が要求した性能・機能を持つ建築物を最終的に完成させ，満足度を得るために必要となる．しかしながら，実際に施工の担当者に上手く伝えることは容易ではない．

設計の意図を適切に，なおかつ効率的に伝えていくための方法として，「設計説明書」および「設計品質伝達表」を設計図書とあわせて作成し，設計者と施工者間の情報伝達をより確実に行っていくという提案が，1980年代に社団法人日本建築士会連合会（現在は公益社団法人）や社団法人建築業協会（現在の社団法人日本建設業連合会）からなされた．

表2·5·1に設計説明図書と設計品質伝達表の概要を示す．この表に示すように，設計説明書を施工者へ伝えることによって，当該工事で重点的に施工管理する必要がある部分などが明らかになり，施工管理における「管理の程度」に濃淡を付けることが可能になる．さらに設計品質伝達表により品質確保の観点において何が重要とされているの

かが理解でき，これら提案ツールによって適切に伝達されることができることとなる．これらを受け取った施工側も重点的に施工管理すべき目標が明確となり，監理者と施工者が共通の言語と方法で品質の確認ができるようになるというものである．

2·5·2 BIM

これまで主流の2次元CADに変わる新しい建築手法として，現在，**3次元のデジタルモデルに建物の部材の寸法，材料，コストなどの属性情報をデータベースとして持たせ，設計から施工，さらには維持管理の各工程での情報活用を可能とするBIM**（Building Information Modelinng）の活用が広がっている．日本の国土交通省の営繕部にあたる，アメリカのGSA（アメリカ連邦調達庁）という公的発注機関において，これまでの2次元CADデータだけではなく，3次元による建築モデルデータでの納品が求められるようになったことなどを契機に，BIMを実務で利用するための取り組みが世界的に広がったと言われている．

BIMによる3次元の建築モデルは意匠を表現することはもちろん，モデルが持つ属性データを用いて環境シミュレーションや構造計算，コスト管理などを行うことも可能となる．このように設計の初期段階から効率的な検討を可能とするため，設計の質の向上が図られる技術として期待されている．このような事前の検討がより設計の川上段階で実施できるということがBIMを活用した設計のメリットの1つとされている（フロントローディングと呼ばれる）．

BIMで作成した設計情報により設備と構造の干渉チェックが早い段階で実施できたり，BIMを施工段階でも使えば，画面上で部材の形状や施工手順の確認も可能となるため，現場の作業者間での意思疎通を図る上でも有効である．例えば，配筋が込み入った部分のチェックや複雑に鉄骨が交

表2·5·1　設計説明図書と設計品質伝達表の概要

設計説明書	設計者が発注者の意図を解釈し，それをもとに行った設計の考え方，つまりは設計意図が表現されたもの
設計品質伝達表	仕様書や設計図ではなかなか表現しにくい建築物の機能や性能に関して，特に品質保証上，重要な項目について定量的な目標値や施工上考慮してほしいことなどが設計意図との関連性を明確にした形で表現されたもの

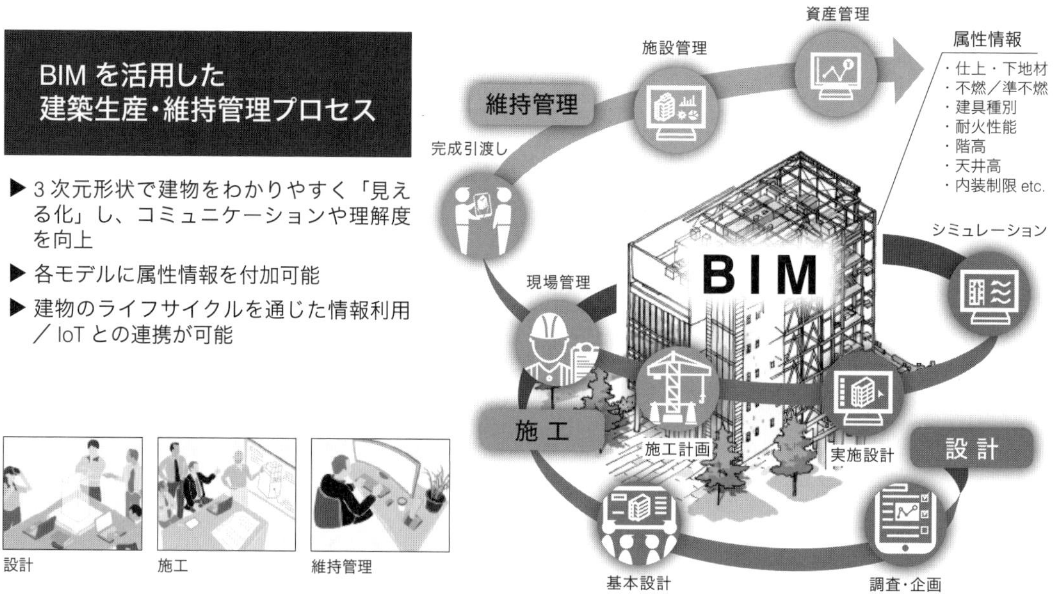

BIM を活用した
建築生産・維持管理プロセス

▶ 3次元形状で建物をわかりやすく「見える化」し、コミュニケーションや理解度を向上

▶ 各モデルに属性情報を付加可能

▶ 建物のライフサイクルを通じた情報利用／IoT との連携が可能

設計　施工　維持管理

図 2・5・1　BIM を活用した建築生産・維持管理プロセス
（出典：国土交通省　建築 BIM の将来像と工程表　建築 BIM 推進会議　2019.9 リーフレットより）

差するような部位の施工手順の確認，曲面を持つ部材の加工等においては，BIM モデルの活用は関係者相互の理解を高めるほか，効率的な現場管理にも役立つとの報告もあがっている．また BIM を用いた設計では複数の設計者らが協働して作業を進めることができるようになり，効率的な設計が期待されるが，その場合にデータの作成を「誰が」「どこまで」行うのか，といった設計情報の受け渡しが適切に行われるようにするための取り決め手順や方法等を整備していく必要がある．

　BIM を用いた建築プロジェクトが増えつつある中，2019 年に国土交通省において建築 BIM 推進会議が発足し，官民で建築 BIM を普及していくための基本的な取り組み方針が検討された（図 2・5・1）．そこでは，BIM を活用した建築生産・維持管理に係るワークフローの整備として，BIM を設計・施工，さらに維持管理段階で活用する際の役割・責任分担を明確化し，建築物のライフサイクル全般で BIM を有効に活用していくための検討を行っている．また，BIM やその属性情報を用いて，効率的かつ的確な建築確認検査を実施するた

めの検討も進められているところである．その他，BIM モデルの形状と属性情報の標準化，BIM による積算の標準化，BIM の情報共有基盤の整備が進められている．

　BIM を活用して設計，施工を円滑に進めていくためには，BIM による建築生産の標準的なマネジメント手法を確立していく必要があり，BIM マネージャーといった新しい職能の確立とその人材育成も今後の課題とされている．

2・5・3　建築・住宅の履歴情報

　人が建物を使用し続けると，程度の差こそあれ，何かしらの不具合が発生する．経年劣化ということもあるし，設計時の部屋の使用条件と実際の使い方が異なってしまったために通常よりも早く不具合が生じてしまった，あるいは施工時に不適切な管理をしたために不具合が生じたなど，根本的な原因，またその不具合を促進させた要因としては様々なものが考えられる．

　建物を長く使用していく上では，**建築生産情報**

を適切に残し，使用材料や施工時の品質情報など
を確認できるような仕組み，すなわち「トレーサ
ビリティの確保」が重要になる．

　現在，建築においては，木造住宅に使用される
木材の品質情報として生産地，生産履歴等を残す
取り組みが行われている．また，住宅設備機器の
1つである火災警報機の中には，履歴情報として
製造番号や設置時期などを書き込むことができる
ようにICタグが貼付されたものがある．ICタグ
の活用に関しては，鉄筋コンクリート造建築物を
対象として，打設されたコンクリートの強度等の
情報をICタグ等の情報メディアに書き込み，必要
なときに引き出せるようにするなど，品質確保と
効率的な維持保全のためのトレーサビリティ確保
に関する取り組みも行われている．

　また，住宅に関しては住宅履歴情報の活用が進
められている．建設した，あるいは購入した住宅
がどのような作りで，どういった性能があるのか，
また居住し始めてからどんな点検を実施したのか，
修繕工事を行ったのかを適切に記録し，保存して
いくことが，住宅を長く良好な状態で使用し続け
るために必要になる．住宅履歴情報は，新築時の
図面や建築確認の際に提出した書類，建築後の点
検や修繕の記録を保存，記録したものである．

　住宅履歴情報は維持管理や住宅を売買する際に
も活用でき，所有者がかわっても情報が引き継が
れるような仕組みが整備されている．

[注]
＊1　日本コンクリート工学協会『環境時代におけるコン
　　　クリートイノベーション』2008
＊2　日本建設業連合会『建設業ハンドブック』2020
＊3　日本建設業連合会『再生と進化に向けて―建設業の
　　　長期ビジョン』2015
＊4　日本建設業連合会『生産性向上推進要綱』2016

■ 演習問題

1. 近年の建築工事において，費用的に維持修繕工事が占める割合について示しなさい．

2. SDGs の概要を示し，SDGs の取組みに建築生産が関わる事項を整理しなさい．

3. 建築物の維持管理の基本的な考え方を説明しなさい．

4. 地球環境保全に関して，建築生産分野で貢献できることの例を示しなさい．

5. 建設業における廃棄物の排出の現状と今後の課題を簡潔に説明しなさい．

6. 建築物の生産性向上のための現状の課題と今後，実施すべきことを示しなさい．

7. 建築物・住宅の建築主を保護する施策の動向を簡潔に示しなさい．

8. 住宅の品確法における瑕疵担保責任について簡潔に説明しなさい．

9. 建築プロジェクトと他の製造業の根本的な違いを説明しなさい．

10. 設計施工分離発注形式を簡潔に説明しなさい．

11. 設計施工一括発注方式を簡潔に説明しなさい．

12. CM（コンストラクションマネジメント）方式の特徴を説明しなさい．

13. 発注方式において，総合請負方式を簡潔に説明しなさい．

14. 発注方式において，随意契約方式を簡潔に説明しなさい．

15. 発注方式において，競争入札方式を簡潔に説明しなさい．

16. 指名競争入札の問題点を示しなさい．

17. 近年の公共工事における総合評価方式を簡潔に説明しなさい．

18. 工事請負約款について簡潔に説明しなさい．

19. 設計品質伝達書を作成する目的を示しなさい．

20. BIM について簡潔に説明し，これを活用した将来の建築生産の可能性を示しなさい．

21. 建築・住宅の履歴情報を記録する意義を簡潔に示しなさい．

3章

施工準備および施工計画

3·1 施工準備の概要

　施工管理は総合建設業（ゼネコン）の中枢の業務であり，施工を開始するまでには，施工管理の責任者を中心として，入念な施工計画，施工管理計画を立て，着工のための準備を行う．

　表3·1·1に準備段階で実施する主要な業務を示す．まず，施工管理の要となる施工管理の手法や体制を整える．**基本的にQCDSEについて，それぞれの目標を立て，この目標を達成するための手法を決定する．**施工管理におけるQCDSEとは下記を意味し，施工を実施するときには必ずこれらを意識して作業を行うことが重要であり，それぞれPDCA（Plan, Do, Check, Action）サイクルによって目標の達成度を確認しながら次の業務を進める．

Q：Quality ／品質管理
C：Cost ／コスト管理（経済性）
D：Delivery ／工程管理（工期）
S：Safety ／安全衛生管理
E：Environment ／環境管理

　事前調査は極めて重要であり，例えば敷地の調査では，設計図面には示されていない敷地内の高低差や植物（特に巨木），地下埋設管などの情報を収集する．周辺・近隣調査で行う周辺の交通事情や通学路の調査などは，工事現場のゲートの設置計画，工事可能時間帯，さらには材料・資材の搬入・搬出計画にまで影響を与えるため入念に調査をすることが必要となる．

　表3·1·1に示した項目で，ブリーフィングや設計図書については先の1章，2章に示したが，その他で重要な項目について次節以降で概説する．

表3·1·1　施工準備段階で行う主要な業務

施工管理方針の決定	QCDSE体制
	PDCAサイクル体制
事前調査	設計図書の把握
	ブリーフィング
	地盤調査
	敷地調査
	周辺および近隣調査
	電波調査
施工計画図書の作成	工法選定
	工程計画
	労務人員計画
	レンタル機器計画
	総合仮設計画
届出	各種届出
作業所運営計画	作業所の設置
	組織・会議体の作成

3・2 QCDSE

3・2・1 Q：品質管理

　品質管理は，発注者が満足し，設計の要求するとおりの建築物を実現することも目的として実施する．先にも示したように，建築物が竣工した後に品質を確認したり修正することは困難であるため，施工途中でのプロセス管理が極めて重要であり，また，トレーサビリティを確保することも併せて求められる．

　一般の製造業の分野では品質管理のツールとして QC 七つ道具（QC：Quality Control）と呼ばれる品質管理手法があり，建築生産でもこの手法がしばしば用いられる．ここではこの手法について概説するが，品質管理を行うときは，「何を管理するのか」「どのような不具合・欠陥を防止するのか」ということを技術者それぞれが認識して建築生産に取り組むことが重要である．表3・2・1にQC七つ道具の概要を示す．

　特性要因図は，建築生産分野では特性（結果）を欠陥や不具合と位置づけ，要因としてこれらを生じさせる業務を整理し，欠陥の防止に役立てることが多い．図3・2・1はその一例であり，この特性要因図では，特性（結果）として「温度ひび割れが発生する」という不具合についてまとめている．温度ひび割れを生じさせる要因を工程により

「設計上の要因」「調合上の要因」「施工上の要因」「環境上の要因」および「温度・コンクリート強度に関する要因」に分類し，それぞれの工程ごとにその工程の中でのひび割れ発生要因を描いている．この図があれば，「温度ひび割れを防止する」という目標を設定したときに，各工程で重点管理すべき要因を分析することができる．特性要因図は，建築生産分野ではその形から魚骨図，鯨骨図などとも呼ばれている．

　パレート図も建築生産分野では労災事故，不具合等の分析に用いられる．例えば紛争を生じた不具合を示したp.28の図2・2・15についてパレート図を描くと図3・2・2のようになる．このように描くと，例えば「仕上げ不良」と「亀裂・ひび割れ」を重点的に防止すると，発注者との紛争のリスクを半分に減らせると即座に読み取れる．

　また，管理図は建築生産現場では，納入材料の物性値の日間変動や時刻変動をチェックするためによく用いられる．例えば図3・2・3はある建築現場にレディーミクストコンクリート工場から納入されたコンクリートのスランプの経時変動を表した散布図である．この図からは，この工場から納入されるコンクリートは，午前中はスランプが低く，夕方にスランプが上昇する傾向があると判断でき，後のコンクリート品質管理に活用できる．

　表3・2・1に示した他のQC七つ道具は，建築生産の品質管理のために効果的に用いることが必要であるが，大事なことは**このデータは他の技術者**

表3・2・1　QC七つ道具の概要

①特性要因図	「特性」は結果，「要因」は重要な原因のことを示す．「ある特性」が生じるための「考えられる要因」を項目ごとに分類して作図し，ある特性が生じるための要因を分析する．
②パレート図	棒グラフと折れ線とを組み合わせたグラフであり，問題や欠陥に対して，重点的に管理する対象を見極める．
③ヒストグラム	縦軸に度数，横軸に物性値等をとり，物性値のばらつきの分布状態を棒グラフで表示し，問題解決を分析する．横軸には物性値のみならず，問題の原因を探るための管理値，例えば日付や時間帯をとることもある
④チェックシート	結果に至るまでに必要な途中の項目を整理し，その項目が実施されたことを確認してチェックし，途中の漏れをなくす．
⑤散布図	2つの物性値の特性を縦軸と横軸に取り，両者の相関関係を分析する．
⑥管理図（グラフ）	製造の工程が，統計的に管理状態にあるか否かを判断するために用いられるグラフである．
⑦層別	物事を分類して分析するために，例えば，「材料で分ける」「人で分ける」あるいは「時間で分ける」といったように，データを分類すること．分類した結果をパレート図やヒストグラムで表して分析する．

や機関が作成したものを用いるのではなく，建築生産現場に従事する技術者自らが様々な経験をもとに作成し，蓄積をすることにある．自ら作成し

たデータは，自分の蓄積のみではなく，所属する会社の財産，ひいては自らの顧客の財産となる貴重なデータと言える．

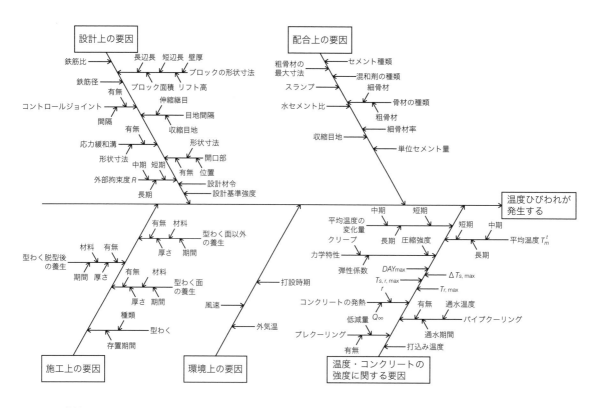

図 3・2・1　特性要因図の例（温度ひび割れ発生に関する特性要因図）
(出典：小野定「マスコンクリートの温度ひび割れ特性の数量化に関する検討」『コンクリート構造物の体積変化によるひび割れ幅制御に関する JCI コロキウム』1990)

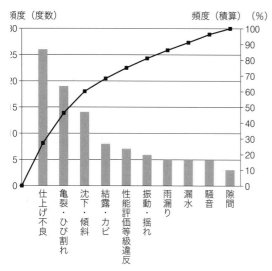

図 3・2・2　パレート図の例（不具合に関する紛争頻度）

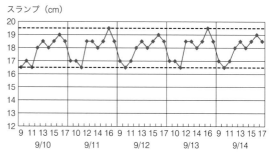

図 3・2・3　分布図の例（納入したコンクリートのスランプの分布図）

3·2·2　C：コスト管理（経済性）

① 工事費の構成

　建築施工は経済活動であり，施工計画の最適化によりコストを最小化し，施工の進捗に合わせて適切に管理することで，竣工時までに利潤を創出することが重要となる．

　工事費の一般的な構成を図3·2·4に示す．図中に示された費用は下記のとおりである．

- **直接工事費**：工事目的物を施工するために直接必要とされる費用で，材料費，施工費，加工費，運搬費からなる．
- **共通仮設費**：仮設とは，建築物を完成するために必要となる一時的な仮の施設・設備で，建物が完成するまでにすべて撤去されるもの

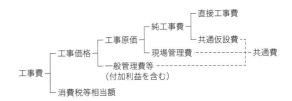

図 3·2·4　工事費の構成
(出典：建設大臣官房官庁営繕部『建設省建築工事積算基準の解説』建設コスト管理システム研究所, 1999)

表 3·2·2　現場管理費が純工事費に占める割合の例

純工事費 （百万円）	現場管理費率 （%）	純工事費 （百万円）	現場管理費率 （%）	純工事費 （百万円）	現場管理費率 （%）
10	10.65	150	8.95	1200	7.84
20	10.19	200	8.79	1400	7.76
30	9.93	300	8.57	1600	7.70
40	9.74	400	8.41	1800	7.64
50	9.61	500	8.29	2000	7.59
60	9.50	600	8.19	2500	7.48
70	9.40	700	8.11	3000	7.39
80	9.32	800	8.04	4000	7.26
90	9.25	900	7.98	5000	7.15
100	9.19	1000	7.93		

(出典：建設大臣官房官庁営繕部『建設省建築工事積算基準の解説』建設コスト管理システム研究所, 1999)

表 3·2·3　一般管理費が工事原価に占める割合の例

工事原価 （百万円）	一般場管理費率 （%）	工事原価 （百万円）	一般場管理費率 （%）
5	11.26	600	9.13
10	10.95	700	9.06
20	10.64	800	9.00
30	10.46	900	8.94
40	10.33	1000	8.90
50	10.23	1200	8.82
60	10.15	1400	8.75
70	10.08	1600	8.69
80	10.02	1800	8.63
90	9.97	2000	8.59
100	9.93	2200	8.54
150	9.74	2400	8.51
200	9.62	2600	8.47
300	9.43	2800	8.44
400	9.31	3000	8.41
500	9.21		

(出典：建設大臣官房官庁営繕部『建設省建築工事積算基準の解説』建設コスト管理システム研究所, 1999)

を言い*1，共通仮設費とは各工種共通の仮設に要する費用で，例えば仮囲いや工事用道路の構築の費用が該当する．

・**現場管理費**：現場管理上の諸費用であり，7割程度が現場管理技術者等の人件費で，その他保険料や現場事務所の運営上の費用などを含む（表3・2・2）．

・**一般管理費等**：請負企業が得る付加利益に加え，同企業を維持し発展させるための本社や支社の運営に要する費用である（表3・2・3）．

2 工事価格の算定 ―積算

工事価格を予測することは，工事の入手のみならず施工時の実行予算（後述）の立案のために不可欠であり，この予測を積算と呼ぶ．工事入手に際しての積算の流れを図3・2・5に示した．積算に当たっては，まず工事における数量を把握する．数量は，設計図書をもとに算定することを原則とし，材料の量，および施工の面積や体積で表されており，国土交通省『公共建築数量積算基準』などで計算方法が標準化されている．

数量に単価を乗じた値を工種ごとに累計することで工事費が算定される．単価は，工事目的物の単位面積（体積）当たりの施工に要する材料と労務の必要量である歩掛から算定される．表3・2・4は仮囲いの構築に関する標準的な歩掛（後述）を示しており，単位長さの仮囲いを構築するため必要な材料・労務に関する表中の数量が歩掛である．歩掛は，工事の条件（工事規模，用途，工事時期，立地など）により大きな影響を受けるので，適切な値を設定することが重要となる．また，工事に際しては，例えば周到な施工準備などにより作業効率を上げ，この歩掛をできるだけ向上させる工夫が施工者にとって大きな課題となる．

図3・2・6は，首都圏で建設される集合住宅（RC工事）の工事全体における工種別の割合を示したものである．工法により歩掛が大きく変化するため，工法選定はコストに大きな影響を与える．即ち，工事条件に応じて最適な工法を選定することでコストを低減することが可能となる．例えば，土工事における山留支保工の選定で，切梁工法とアースアンカー工法を比較してみる．切梁工法に

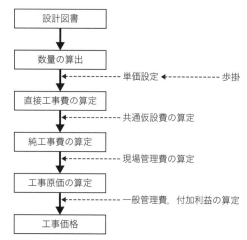

図3・2・5　積算作業の流れ

表3・2・4　標準歩掛表の例

仮囲い	仮囲鉄板 H = 3.0m	供用1日当たり		1m 当たり		供用1日当たり損料 14.22 円 設置・撤去費 5900円

名　称	摘要・規格	単位	数量	損率等	単　価	金　額	備　考
鉄囲鉄板	厚さ1.2mm	m²	3.15	1日	3:0	9:45	
丸パイプ	径48.6mm	m	9.36	1日	0:51	4:77	
世話役		人	0.049		22600	1:107:4	
普通作業員		人	0.24		15200	3:648	
雑費	（労）×8%	一式				380:43	4755.4×0.08
その他	（労）×16%	一式				760:86	4755.4×0.16
計						5:896:69	

注）表中（労）は，労務費を示す．

（出典：建設大臣官房官庁営繕部『建設省建築工事積算基準の解説』建設コスト管理システム研究所，1999）

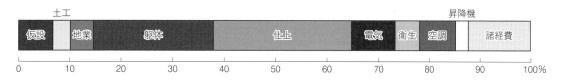

	仮設	土工	地業	躯体	仕上	電気設備	衛生設備	空調設備	昇降機	諸経費	合計
平均値 (千円/m²)	18.3	9.2	12.2	63.1	72.5	23.0	13.0	19.3	6.9	33.4	
構成比(%)	6.7	3.4	4.5	23.3	26.8	8.5	4.8	7.1	2.5	12.3	100.0

図3・2・6　工事費の工種別構成 (出典:日本建築積算協会『建築積算士ガイドブック 平成23年版』2011)

比べ,アースアンカー工法は支保工自体の構築に必要な工事費が大きくなる傾向にあり,適用条件も隣地限界などから限定されるが,掘削空間に障害物がなくなるため,掘削効率が高まり工期も短縮できることが多い.建築物の規模や根切り深さなどにより,この優劣は変化するため,詳細な検討により適切な工法を選定することが重要である.

工事原価管理には,実行予算の立案が前提となる.実行予算とは,実際の工事に関して,実際に必要となる作業を網羅した上で工程表を作成し,これら作業に対する必要労務と必要日数の見積りを積み上げて作成した予算であり,原価管理の基本となるものである.工事における原価管理は,出来高と原価(支払高)を実行予算と比較することで可能となる.

3・2・3　D:工程管理(工期)

工程管理で最も重要なことは,工期を守れるように計画を立てるということに尽きる.まず,施工計画段階では,建築物の引渡期日を考慮した総合工程表を作成する.建築物の工程計画には,選択する工法,設置する重機および専門工事業者の数や規模など,施工計画におけるすべての業務が影響する.したがって,施工に経験を積み,熟練した技術者が作成する.

施工が始まると,この**総合工程表に基づき,工期別工程表,月間工程表あるいは週間工程表が作成され,より具体的な工程計画が作成される.**建

築現場には数多くの専門工事業者が出入りして作業を行うため,工事の順序や配置など無理や無駄がないように計画を立てることが必須であり,

各種工事を理解し,建築工事全般を見渡せる技能が施工管理者には要求される.

例えば,街中を走っている生コン車(正式にはトラックアジテータ)は何m³のコンクリートを積載しており,それを現場で荷卸しして建築部材に打ち込むのに時間はどれだけ必要か? さらにそのコンクリートを床スラブに打ち込んだとき,表面を仕上げるのに1人の技能工が30m²を仕上げるのに何時間要するか? 単純な例ではあるが工程表を作成するためにはこのような事項の知識の蓄積が必要である.建築工事にはさらに多種多様な工種が含まれるため,すべての工種の所要時間を理解しないと,絶対に工程表を組むことはできない.

また,工程表作成における重要なこととして,誰にでも理解しやすい工程表を作成することが挙げられる.わかりやすい工程表の代表として図3・2・7に棒線工程表の例を示す.同図は総合工程表の例であるが,縦軸に工種別に分類した作業内容,横軸に日程を取り,作業ごとに必要な日数を見積もって,始まりと終わりを棒線で結んだ表である.この表は現場に常駐しない専門工事業者や近隣の住民に説明するときには非常にわかりやすい.

各作業の所要日数は前節に示したように「歩掛」を基準に算定する.歩掛とは「**作業の1単位を1日で終了させるのに必要な作業者の人数**」あるい

は「作業者1人が1日当たりに行うことのできる作業量」で表す．例えば，下記の例で考える．

※タイル張り工事に関し，1日当たり10人で50m²を施工する実績を有するチームがあったとする．このチームのタイル張り工事の歩掛は下記となる．

　　10人／50m² ＝ 0.20人/m²

このチームが400m²のタイル張り工事を8人で施工する場合の所要日数は下記のように10日と求められる．

　　(0.20人/m² × 400m²)／8人 ＝ 10日

実際には，上記の計算では悪天候や能率低下などの影響を考慮して少し長めに見積もることとなり，また作業内容によっては使用する機械の種類や台数を勘案して算定することとなる．

各種工事に関して，先の表3・2・4に例を示したような標準歩掛という表が公開されているので実績が少ない場合には，標準歩掛を基準として日数を算定する．

棒線工程表は直感的に理解しやすい工程表ではあるが，作業と作業の関連づけができない．これを可能とする工程表としてネットワーク工程表が用いられる．例えば，塗装仕上げのコンクリート

工事総合工程表

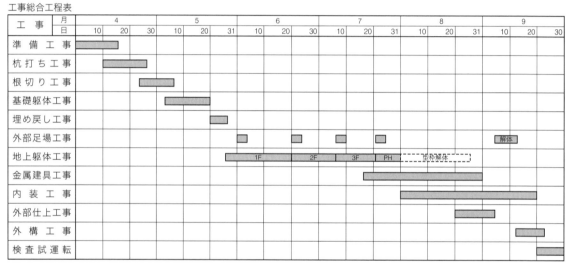

図3・2・7　棒線工程表の例

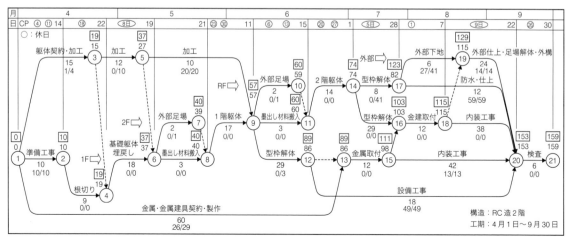

図3・2・8　ネットワーク工程表の例（出典：青山良穂・武田雄二『〈建築学テキスト〉建築施工』学芸出版社，2004）

壁面を工事するとき，塗装仕上げは壁面のコンクリートが打ち込まれ，養生期間が終了した後に，仕上げ工事を開始することができる．このように作業どうしの関連を明確に表すのが図3・2・8に例を示すようなネットワーク工程表である．ネットワーク工程表の大まかな作成手順を図3・2・9に示した．この図よりネットワーク工程表における矢印や数字の意味が理解できよう．

　また，このネットワーク工程表からはクリティカルパス（以下CPと記す）と呼ばれる工程管理にとっては極めて重要な指標が得られる．CPとは，当該工事の一連の作業において，日程の余裕が全くない作業経路を表す．すなわち，CP上の各作業の所要日数の合計が，当該工事を最短で終了させることのできる日数となる．換言すれば，CP上の作業が1日でも遅れると工事全体が1日遅れてしまうため，CP上の作業は工期を守るための最も重要な工程管理対象となる．

　CPや工事の最短日数の求め方について理解するために，図3・2・10に示す過去の建築士試験の類似問題から，下記が成立することを確認いただきたい．

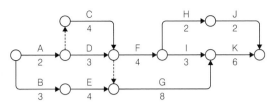

図3・2・10　ネットワーク工程表によるCPの求め方（演習）

○この工事のCPはB→E→G→Kである．

○この工事は最短21日で終了する．

○作業Aの所要日数が1日減少しても，工事全体の所要日数は変化しない．

○作業Eの所要日数が1日増加すると，工事全体の所要日数は1日増加する．

○作業Eの所要日数が2日減少すると，工事全体の所要日数は1日減少する．

○作業Iの所要日数が3日増加すると，工事全体の所要日数は1日増加する．

①	作業をはっきりと区切ることのできる単位作業（アクティビティ）に分割する
②	各作業の所要日数を見積もる
③	単位作業は矢印（アロー）を表し，矢印の上に作業名を記入する
④	矢印は作業の進行方向を表す
⑤	矢印の下にはその単位作業の下に所要日数を記入する
⑥	作業と作業は結合点（イベント）で接続し，○印で表す
⑦	破線の矢印は作業の進む方向を示すだけで，実作業はない．すなわち，破線の矢印は，矢元の作業が終了した後に，矢先の作業に着手できることを示す場合に用いる

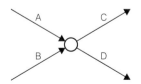

作業C，Dはともに作業A，Bが終了したのちに開始できる

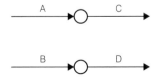

作業Cは作業Aの終了後，作業Dは作業Bが終了したのちに開始できる

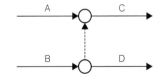

作業Dは作業Bの終了後に開始でき，作業Cは作業A，Bの両方が終了したのちに開始できる

図3・2・9　ネットワーク工程表の作成手順

3・2・4　S：安全衛生管理

　施工現場での事故や災害は，あらかじめ設定した施工計画やそれまでの工事成果を台無しにする．万が一，第三者災害を発生させれば，企業や責任者はこれまで築いた地位や実績のすべてを失うこととなる．したがって，建築現場では二重，三重の安全計画を立てて，工事に望むことが重要である．

　施工現場での最低限の安全衛生管理は，1・4・1節（p.14）に示した労働安全衛生法の遵守である．この法律の下には労働安全衛生法施行令および労働安全衛生規則が定められており，これらの規定に基づき，作業所の安全体制を構築する．この法律では事業の種類にかかわらず，個別の企業では，会社の規模に応じ「総括安全衛生管理者」「安全管理者」「衛生管理者」および「安全衛生推進者」などを選任することが義務づけられている．

　個別企業に対し，建築工事現場の特殊事情として，「1つの事業（工事）が元請－下請の関係下で作業が行われる」ということが挙げられる．このような元来の事業所を別にする**複数の企業・業者が同一の場所で作業を行うときには，更に安全に**配慮することが重要となる．そのため，**元請，下請の事業主が協力して，労働災害を防止するため，下記のような管理組織を確立することが義務づけられている．**

　①統括安全衛生責任者
　②元方安全衛生管理者
　③店社安全衛生管理者
　④安全衛生責任者

　統括安全衛生責任者は常時50人以上が労働する建築現場において選任が義務づけられており，元方（元請）の事業者から選ばれ，主として下記の職務を行う．

　・協議組織の設置・運営
　・作業間の連絡および調整
　・作業場所の巡視
　・労働者の安全衛生教育に対する指導・援助
　・労働災害を防止するための必要事項一般

　すなわち，統括安全衛生責任者は作業所において安全を統括管理する責任者である．

　元方安全衛生管理者は統括安全衛生責任者を選任した事業者から選任され，技術的事項を管理する役割を持つ．

　店社安全衛生管理者は次の事項を実施する．

表 3・2・5　安全衛生活動の例

毎日	朝礼	ラジオ体操による始業時のウォーミングアップを全員で行い，グループごとに職長が当日の作業内容と安全管理の徹底を確認する
	KYM	危険予知ミーティングの頭文字をとったもので，作業グループごとに当日の作業に伴う危険な作業や作業場所を洗い出し，それを作業者に周知させて災害を未然に防ぐ
	始業点検	各作業者の体調，服装を作業者が互いに確認し，始業時の工事現場の安全，清掃状態を確認する
	巡廻	安全パトロールを実施し，危険な作業や危険箇所の確認，指導を行う
	終業点検	終業時の作業場所の清掃状態の確認（材料・工具等の片付け状態），当日のヒヤリ・ハットの報告，翌日の作業内容などを確認する
毎週	安全工程の確認	週ごとの安全工程の打ち合わせ，週間の安全確認
	安全点検	作業環境，工具，装置および重機などの週間点検
	巡廻	週ごとの安全パトロール，毎日のパトロールよりも巡廻人数を増やし，細部にわたる安全確認
	清掃	週ごとに一斉清掃日時を定め，場内の清掃を行う
毎月	安全衛生委員会	統括安全衛生責任者，安全衛生責任者が集まり，安全衛生当月の管理状態，翌月の管理体制の確認を行う
	安全点検	月ごとの安全パトロール
	職長会	安全衛生に関する勉強会や懇親会
随時	教育	現場に新規業者（下請）や新規労働者が入ったとき，ヒヤリ・ハットの報告があったとき，新規に大型の重機が設置されるときなどに作業者に対して随時，安全教育を行う
	巡廻	監理者なども含め安全確認のための点検を行う

- 建設工事を行う場所における統括安全衛生管理の担当者に対する指導
- 最低毎月１回，作業場所の巡視
- 作業の種類等，作業の実施状況の把握
- 協議組織の会議に随時参加
- 仕事の工程計画等の確認

　安全衛生責任者は，下請の各業者から選任され，統括安全衛生責任者と連絡を密にし，安全衛生管理のための下請け間の連絡や調整も行う．

　施工段階では，安全衛生管理は作業者全員の自主管理・自主検査を基本とし，安全衛生施工サイクルを策定し，例えば表3・2・5に示すような安全衛生推進のための行動，定期的な打ち合わせや会議を行う．

表3・2・6　環境保全のための建築生産現場での主要な活動

地域環境／工事現場環境の保全	水質汚濁防止（排出規制）
	騒音防止（規制基準の遵守）
	振動防止（規制基準の遵守）
	悪臭の防止（規制基準の遵守）
	補修・改修・解体のときのアスベスト飛散防止
	材料搬入，廃材排出車による近隣道路の汚染防止
	農地の土壌の汚染防止
地球環境保全	廃棄物の抑制
	廃棄物の分別
	廃棄物の清掃
	省エネルギー
	廃液処理

3・2・5　E：環境管理

　高度成長期における建築生産ではQCDSが施工段階における重点管理対象であり，Eは最も新しく加えられた管理対象である．ただし，2・2・3節（p.24）でも述べたように，環境配慮，環境管理は，製造業界では近年の最重要課題と言っても過言ではない．

　環境保全のために制定された昔からの法律に加え，近年，環境基本法に基づく各種法律が制定され，家電リサイクル法や自動車リサイクル法は我々の日常生活に大きな影響を与えている．建築生産分野でも建設リサイクル法（建設工事に係る資材の再資源化に関する法律）が制定され，解体工事のみならず一定規模以上の新築工事や改修工事ではこの法律の適用を受ける．建築生産現場では3R活動（Reduce（縮減），Reuse（再利用），Recycle（再資源化））を基本理念に掲げ，特に廃材の抑制，廃材の分別に力を入れている．

　工場生産の製造業と同様に，建築生産現場でも環境配慮は下記のレベルにわたって実施しなければならない．

　①建築生産現場内の環境保全

　②現場周辺の地域環境の保全

　③地球環境レベルの環境保全

　上記の視点から，建築生産現場において配慮すべき主な環境保全管理対象を表3・2・6に整理した．建築計画段階で，これらに対応するために，例えば，敷地内での廃材分別ヤードの設置，騒音等の定期計測および排水のモニタリングなどを整理しておくことが重要である．

3・3・1 届出書類の種類と届出先

建築物の施工を開始するにあたって，関係官庁の許可を受けなければならない事項が多々ある．仮に，許可を受けずに施工を開始，継続した場合には，罰則を受けるので注意する必要がある．すなわち，**工事を始めてから「届け出を知らなかった」では済まされないため，建築生産に係わる技術者は届出の種類，内容および提出先を熟知していなければならない**．このようなことから，以下に示す届出の種類等に関しては建築士の試験問題に頻繁に出題されている．

また，関係官庁への申請書・届出書は，様々な提出先，提出者，提出期間があるので，1つ1つ整理して理解することが重要である．

1 建築基準法関連

建築基準法関連の申請および届出の書類一覧を表3・3・1に示す．建築基準法に定められている申請および届出は，建築主が建築主事または指定確認検査機関に行う書類が多いが，施工者が建築主事または指定確認検査機関に行う書類もあるので注意する必要がある．また，申請および届出を行う際には，当該工事の床面積によって，例外があ

表3・3・1　建築基準法に定められている申請および届出の書類一覧

申請・届出の名称	提出先	提出者	提出時期	摘要
建築確認申請	建築主事または指定確認検査機関	建築主	着工前	建築物を建築する場合
中間検査申請	建築主事または指定確認検査機関	建築主	特定工程に関わる工事を終えた日から4日以内	
完了検査申請	建築主事または指定確認検査機関	建築主	完了した日から4日以内	
施工業者届	建築主事または指定確認検査機関	施工者	着工前	
建築工事施工計画報告書	建築主事または指定確認検査機関	監理者および施工者	着工前	
建築工事施工結果報告書	建築主事または指定確認検査機関	監理者および施工者	完了時	
建築工事届	都道府県知事	建築主	着工前	建築確認申請と同時期
建築物除去届	都道府県知事	施工者	着工前	

表3・3・2　道路関連の申請および届出の書類一覧

申請・届出の名称	提出先	提出者	提出時期	摘要
道路使用許可申請書	警察署長	施工者	着工前	道路の一時使用　コンクリートの打設時や鉄骨建方時の車両待機等
通行禁止道路通行許可申請	警察署長	施工者	着工前	
駐車許可申請	警察署長	施工者	着工前	
道路占用許可申請書	道路管理者	道路占用者	着工前	仮囲い等
道路施工承認申請書	道路管理者	施工者	着工前	歩道を切り下げる場合等
特殊車両通行許可申請書	道路管理者	当該車両を通行させようとする者	着工前	車両制限令を超える車両を通行させる場合
自費工事承認申請	市区長村長	施工者	着工前	ガードレールや街路灯の一時撤去等
交通局施設一時養生（移設）願	警察署長	施工者	着工前	バス停留所などが支障となる場合
沿道掘削許可申請	道路管理者	施工者	着工前	掘削範囲付近に道路がある場合

る．例えば，建築工事届や建築物除去届は，当該建築物または当該工事に関わる部分の床面積の合計が 10m² を超えない場合には届出が不要となる．提出期間については，多くが着工前に提出する必要があり，届出の許可を得なければ施工の開始ができない．ただし，中間検査申請や工事完了届に関しては，特定工程の工事終了もしくは完了した日から 4 日以内に申請および届出を行わなければならない．

② 道路・掘削関連

道路・掘削関連の申請および届出の書類一覧を表 3・3・2 に示す．道路・掘削関連の申請および届出は，施工に直接係ってくることが多いため，提出者は，施工者である場合が多い．また，提出先は，道路管理者や警察署長である場合が多く，提出期間は着工前に提出することが多い．ただし，

申請および届出の許可が得られるのは，書類提出後の 30 日以上かかる書類もあるため，余裕を持って提出する必要がある．

道路使用許可申請書および道路占用許可申請書例を図 3・3・1 に示す．道路使用許可申請書は，警察署長へ申請する書類であり，施工上，やむを得ず，工事車両を道路に一時的に使用して工事を行う場合に必要となる許可である．例えば，敷地が狭く，車両の駐車スペースがない場合に，コンクリートポンプ車が道路で待機してコンクリート打設を行う場合や資材運搬車両を道路で一時停車して資材搬入を行う場合である．また，道路占用許可申請書は，道路管理者へ申請する書類であり，仮囲い等で長期間道路を占有する場合に必要となる許可である．

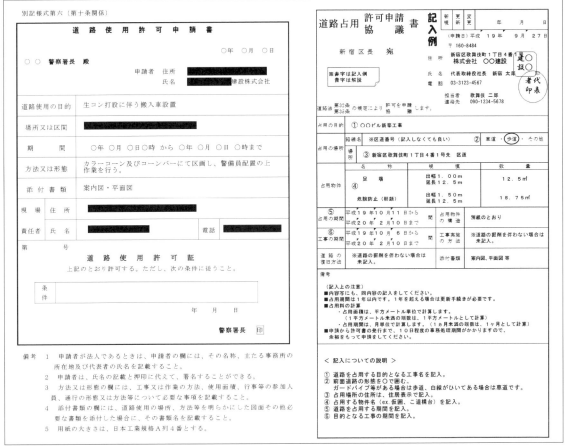

図 3・3・1　道路使用許可申請書および道路占用許可申請書（例）

③ 公害防止関連

公害防止関連の申請および届出の書類一覧を表3・3・3に示す．公害防止関連の申請および届出は，工事現場で発生する騒音振動，産業廃棄物を事前に諸官庁へ報告するものである．特定建設作業実施届では，敷地の境界線で騒音85dB，振動75dBを超えてはならない．

産業廃棄物委託処理に関する契約書は，施工者が産業廃棄物運搬・処理業者との間に締結するもので，工事現場で発生する産業廃棄物が産業廃棄物運搬・処理業者によって適正に処理されているかを管理しなければならない．また，産業廃棄物の処理の流れを管理する方法として，マニュフェスト（産業廃棄物管理票）制度があり，排出事業者は，マニュフェストを産業廃棄物運搬業者に渡し，次に産業廃棄物処理業者へ渡して，最終処分が完了したら，管理票を受け取り，最終処分を確認する．このように，不適正な処理による環境汚染や社会問題となっている不法投棄を未然に防止する方法を行っている．

④ 労働安全衛生法関連

労働安全衛生法関連の申請および届出の書類一覧を表3・3・4に示す．労働安全衛生法関連の申請および届出は，主に労働基準監督署に報告するものであり，施工者が工事現場事務所の運営開始するときに報告するものと，工事現場における仮設工事の設備設置の報告するものとに大きく分けられる．工事現場事務所の運営開始時に報告するものの提出先の例外として，共同企業体代表者届は，労働基準監督署を経て都道府県労働局長に提出しなければならない．仮設工事の設備設置の報告するものの例として，建設物機械等設置届がある．図3・3・2に建設物機械等設置届の例を示す．これは，工事現場に吊り足場，張り出し足場，高さ10m以上の足場で，60日以上存続させるものがある場合や，型枠支保工の支柱の高さが3.5m以上のものを設置する場合に届け出るものである．この届出は，足場計画図や支保工計画図等も必要であるため，届出受理後30日から設置が許可されるため，設置開始予定日を把握して，余裕を持っ

表3・3・3　公害防止関連の申請および届出の書類一覧

申請・届出の名称	提出先	提出者	提出時期	摘要
特定建設作業実施届	市町村長	施工者	着工7日前まで	騒音規制法，振動規制法
産業廃棄物委託処理に関する契約書	都道府県知事	管理票を交付した者	着工前	
ベントナイト使用届	下水道局	施工者	着工前	地方公共団体により必要
薬液注入届	下水道局	施工者	着工前	地方公共団体により必要
公共下水道使用開始（中止）届	下水道局	施工者	着工前	地下水・工事用排水を下水道に放流する場合

表3・3・4　労働安全衛生法関連の申請および届出の書類一覧

申請・届出の名称	提出先	提出者	提出時期	摘要
特定元方事業者の事業開始報告	労働基準監督署長	施工者	工事開始後速やかに	
共同企業体代表者届	都道府県労働局長	共同企業体を構成する事業者	業務開始の14日前まで	
総括安全衛生管理者選任報告	労働基準監督署長	事業者	選任すべきことが発生した日から14日以内	
安全管理者選任報告	労働基準監督署長	事業者	工事開始後速やかに	
衛生管理者選任報告	労働基準監督署長	事業者	工事開始後速やかに	
建設工事の計画届	労働基準監督署長	事業者	業務開始の14日前まで	掘削深さ10m以上，高さ31m以上の建物の建設
建設物機械等設置届	労働基準監督署長	事業者	業務開始の30日前まで	足場，型枠支保工
クレーン設置届	労働基準監督署長	事業者	業務開始の30日前まで	吊り下げ荷重3t以上の場合
エレベーター設置届	労働基準監督署長	事業者	業務開始の30日前まで	積載荷重1t以上の場合
建設用リフト設置届	労働基準監督署長	事業者	業務開始の30日前まで	

た施工計画が必要となる．また，吊り上げ荷重が3t以上のクレーンや積載重量1t以上のエレベーターを設置する場合も設置開始の30日前に届け出なければならない．なお，吊り上げ荷重3t未満のクレーンや積載重量1t未満のエレベーターを設置する場合には，設置前に報告すれば良い．

5 その他官公庁関連

その他官公庁関連の申請および届出の一覧を表3・3・5に示す．その他官公庁関連では，建築物の計画に伴った設備設置の許可等をまとめたものである．航空障害灯設置届は，施工者が関わるものではタワークレーンなどの仮設クレーンがある．

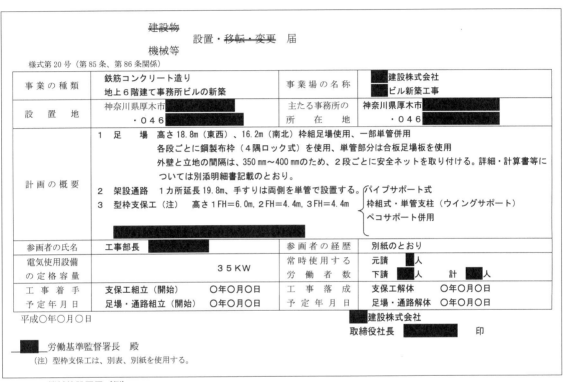

図3・3・2　機械等設置届（例）

表3・3・5　その他の主要な届出一覧

申請・届出の名称	提出先	提出者	提出時期	摘要
工事監理報告書	建築主	監理者	工事終了時	
浄化槽設置届	都道府県知事および都道府県知事を経由して特定行政庁	設置者	設置21日前	
安全上の措置に関する計画届	特定行政庁	建築主	使用前	
航空障害灯設置届 昼間障害標識設置届	地方航空局長	設置者	設置前	地表または水面から60m以上の高さのもの
危険物貯蔵所設置許可申請書	市町村長または都道府県知事	設置者	設置前	
自家用電気工作物の設置工事計画書	経済産業大臣	設置者	着工30日前	
電気事業法に基づく使用前検査申請書	経済産業大臣	設置者	設置前	
消防用設備等着工届	消防庁または消防署長	消防設備士	着工10日前	
高層建築物等予定工事届	総務大臣	建築主	着工前	地表からの高さが31mを超える建築物
特定粉じん排出等作業実施届	都道府県知事	施工者	作業開始の14日前	

3・3・2　近隣対応

　建築物を新築すると，その敷地の環境は大きく変化する．例えば日影範囲の増加や前面道路の交通量の増加などが生じ，工事が開始すると，騒音振動の発生など，近隣住民には不利益となるようなことが多くある．そのため，近隣住民からのクレーム発生が多々ある．このようなクレームを抑制するには，建築主，工事監理者，施工管理者の連携や個々の努力が必要となる．そして，近隣住民から理解を得ることによって，工事の円滑化を図ることができる．

1）工事説明会の開催

　工事開始にあたって，工事関係者（建築主，工事監理者，施工管理者）が近隣住民や利害のある関係者に工事に関する説明会を開催する．例えば，用地，建物概要，工事日程，工事用車両の運行路，テレビ放送用電波障害調査結果などを説明する．

2）工事協定書の締結

　工事開始にあたって，工事協定を近隣住民と締結する．工事協定の内容は，例えば，近隣住民の都合上，ある時間帯（昼休憩）の騒音振動が発生する工事の禁止や工事用車両の運行路の指定，騒音レベルの指定などがあり，近隣住民の要望など

がある．

3）近隣沿道の家屋調査，井戸調査

　工事開始にあたって，工事開始前の近隣沿道の家屋の現状調査や，井戸の水質，水位の把握しておく．これによって，工事振動による家屋の被害や井戸の水質汚染，水位低下などのトラブルを判断する重要な資料となる．

4）近隣，町内会への挨拶

　工事が開始すると，工事現場は仮囲いで囲まれ，敷地外部から見えるものはほとんどない．そのため，近隣住民は工事現場ではどのような作業が行われているか，行う予定なのかがわからない．こういった不安を解消することや近隣住民との意見交換すること等を目的として，定期的に近隣住民や町内会に挨拶することも重要である．

5）敷地境界の立会，確認

　工事開始にあたって，隣地境界線の確認を近隣住民と行う（写真3・3・1）．工事を開始すると，隣地境界線が見えない状況になることがあるので，あらかじめ，図面に確認した位置を落とし込んでおき，工事完了時に，再度，隣地境界線を確認する．工事開始前の確認を行っておくことで工事完了時の近隣トラブルを防止することが可能となる．

写真3・3・1　近隣住民との境界立会・確認を行っている様子（例）

3·4 作業所運営計画

工事を開始するにあたって，通常，現場に常駐する施工者社員のための作業所を設ける．作業所は工事規模によって，施工者社員100名を超える大規模なものから作業所長1名だけの小規模なものまで様々なものがある．そのため，施工者社員数に応じた作業所運営計画を立案する．計画としては，作業所全体の組織および連絡体制を検討する．

3·4·1 作業所組織

作業所組織構成図の例を図3·4·1に示す．作業所組織は作業所長を中心として，概ね5グループ程度に分けられることが多い．ただし，工事規模によって，各部門を兼務することもある．各部門の主要な業務項目を下記に示した．

①工務部門

施工図の作成管理や工程の全体調整などを行う部門である．メンバー構成として工事全体の流れ

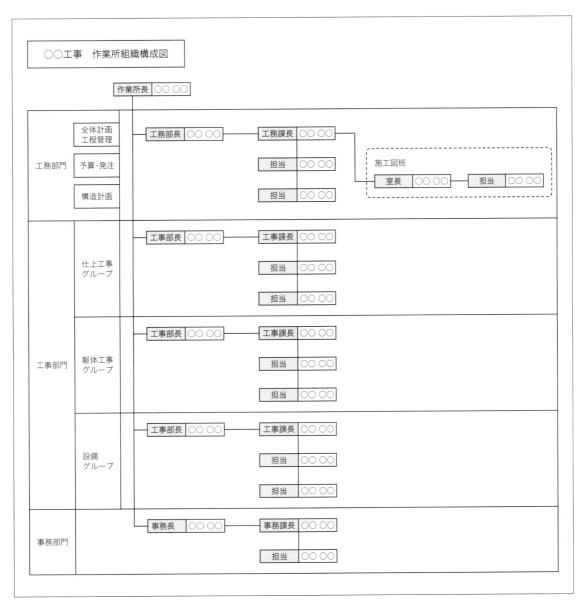

図3·4·1 作業所組織構成図の例

を理解しているベテラン社員が配属されている場合が多い.

②仕上工事部門

　タイル工事や塗装工事などの建築物の見た目や仕上がりに直接関わる部門である.メンバー構成として,細かい納まり(仕上げ形状など)を理解した中堅社員が配属されている場合が多い.

③躯体工事部門

　コンクリート工事や鉄筋工事など建築物の躯体工事を行う部門である.メンバー構成として,若手社員が配属されている場合が多い.

④設備部門

　電気工事や給排水工事を行う部門である.メンバー構成として,設備職社員が配属される.

⑤事務部門

　下請け業者などへ工事代金の支払いの事務処理や作業所内の人件費の管理などを行う部門である.メンバー構成は,事務職社員が配属される.

②電話・ファクシミリ・インターネットの通信設備の設置

③工事用仮設電力,給水の設置

　・工事規模によって,計画電力を決定

④現場仮囲い,ゲートの設置

⑤標識,看板の設置

　・工事件名看板,社名看板

　・建設業許可票,建築基準法による確認済み票

　・労災保険成立票,道路占有使用許可票

　・安全旗,社旗

⑥保険の加入

　・建設工事保険,賠償責任保険

　・火災保険

⑦地鎮祭

　・神社の確認

　・出席者の確認

⑧官公庁等への申請・届出

3・4・2　作業所開設準備

　作業所を開設すると様々な準備が必要となる.準備項目の例を下記に示す.また,現場事務所内部配置例を図3・4・2に示す.

①現場事務所の設置

　・現場敷地内に建設したり,現場付近の賃貸物件などを活用

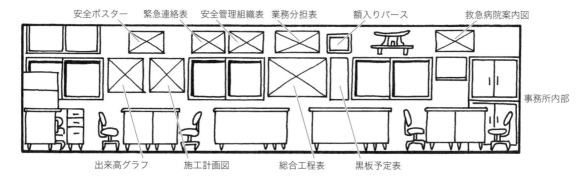

図3・4・2　現場事務所内部配置例

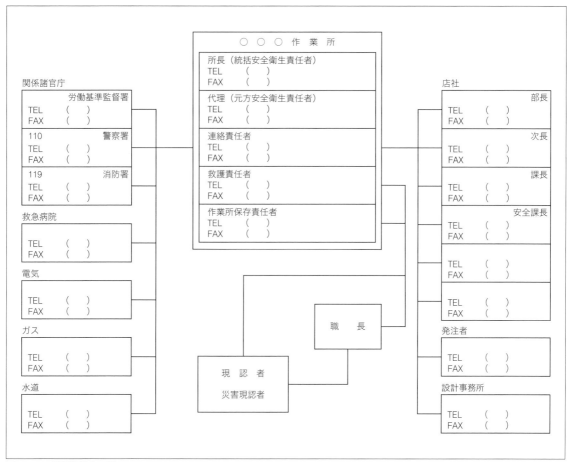

図 3・4・3　連絡体制表の例

3・4・3　連絡体制

　連絡体制表の例を図 3・4・3 に示す．作業所において緊急連絡事項が発生した場合に，すべての工事関係者へ円滑に伝達する必要があり，作業所開設時に前もって連絡体制を整えておく必要がある．

[注]
＊ 1　国土交通省『公共建築数量積算基準』2006

1. 施工管理における QCDSE の意味を示しなさい.

2. QC7 つ道具と呼ばれる品質管理手法を列記しなさい.

3. 「設計製図課題の締切に間に合わない」という失敗事例について，自分自身の特性要因図を作りなさい.

4. 建築生産における積算の役割について簡潔に説明しなさい.

5. 歩掛の意味について，簡潔に説明しなさい.

6. 棒線工程表の長所・短所を示しなさい.

7. ネットワーク工程表の長所・短所を説明しなさい.

8. クリティカルパス（CP）について説明し，これを管理する重要性を示しなさい.

9. 施工現場で実施する安全衛生活動の例を示しなさい.

10. KYM の意味とその重要性を説明しなさい.

11. 建築施工現場における 3R 活動について簡潔に説明しなさい.

12. 建築確認申請は誰がどこに，いつまでに提出しなければなりませんか.

13. 建築物除去届は誰がどこに，いつまでに提出しなければなりませんか.

14. 建築工事のための道路使用許可申請書は誰がどこに，いつまでに提出しなければなりませんか.

15. 建築工事のための道路占有許可申請書は誰がどこに，いつまでに提出しなければなりませんか.

16. クレーン設置届けは誰がどこに，いつまでに提出しなければなりませんか.

17. 工事監理報告書は誰が，どこに提出しますか.

18. 建築施工における近隣対応の例とその重要性を説明しなさい.

4章

施工技術

4·1 仮設工事

4·1·1 仮設工事とは

建築現場において建築物を竣工するためには，建築物そのものを構築するための工事だけではなく，施工作業を行うために必要な工事がある．例えば，作業者が地上や床上から手が届かない高所作業を行うための"足場の組立て"や上階に登るための"作業用エレベータの設置"などはその代表例である．このように，**施工作業を実施するための工事を仮設工事と言い，仮設工事に使用される材料・資材を仮設材料・仮設資材と言う**．仮設材料や仮設資材は，作業に必要なときに現場に搬入して組み立て，竣工時までには撤去してしまう．

このように仮設工事は建築物そのものを構築する工事ではないが，建築物の品質を確保するため，合理的な施工方法を確保するため，作業者の安全を確保するため，あるいは近隣の安全を確保するため等を目的として実施する工事であり，極めて重要な工事と言える．

4·1·2 共通仮設工事

仮設工事のうち，特定の工事のみを対象とせず，建築工事全般に関係するものを共通仮設工事と言う．一般社団法人日本建築学会の標準仕様書では，共通仮設工事を下記に関する工事と使用する仮設材料と定義している．

①事前準備
②仮設建物
③足場
④工事用機械
⑤工事用の電気と給排水
⑥災害防止対策

上記以外に，例えばコンクリートの施工に用いる型枠工事や鉄骨工事における建入れ直しも仮設工事の一種であるが，これらについては4·2節以降の各項で示すこととし，本節では共通仮設工事の主要なものを解説する．

なお，工事期間全体にわたって共通仮設工事の計画を立てることを仮設工事計画と言い，多種多様な専門工事が行われる建築施工全体を把握できる施工管理者が作成する．仮設工事計画で明確にすべき主な事項を表4·1·1に示す．建築工事全体において，様々な仮設工事が実施されるが，仮設資材はレンタルするものも多く，予約・調整が必要であり，着工準備段階で入念に計画しておくことが重要である．

表 4·1·1 仮設計画

仮設計画で明確にする主要な事項	関係する仮設工事，仮設材料
①建設する建築物と敷地との関係（配置と高さ）	縄張り・ベンチマーク・やり方など
②仮囲いの位置と構造	仮囲い・出入口・搬出入口など
③材料搬入経路と動線の計画	出入口・搬出入口・仮設道路・工事用階段など，およびそれらの表示
④仮設物の全体配置	工事事務所・便所・休憩所・危険物貯蔵庫・材料置場・廃棄物分別置場などの配置計画
⑤排水経路，工事用電力，工事用水道の引き込み位置や方法	工事用電線・工事用配管など
⑥足場，桟橋の位置・種類・構造	足場・作業構台など
⑦揚重機の種類や配置	クレーン・リフトなど
⑧作業員の安全施設（墜落防止，感電防止，落下物による危険防止）	工事用シート（養生シート）・防護柵（朝顔）など
⑨近隣の安全に対する処置	仮囲い・防護柵・計測装置など

4・1・3 事前調査および高低・位置の基準

1) 敷地状況の調査

施工者は着工までに，表4・1・2に示す事項を確認し，着工に不都合な事項は処置をして，解決しておくことが必要である．

2) 縄張り

着工に先立ち，敷地に設計された建築物の位置，形のとおりに原寸で縄を張ること（場合によっては，消石灰等で線を引くこと）を縄張りと言う．一例を写真4・1・1に示す．縄張りは，建築物の位置と敷地との関係，道路や隣接建築物等を確認することが主目的であり，施主や設計者も確認のために立ち会い，地鎮祭を併せて行うことも多い．縄張りでは図面のみでは確認できない事項を現地で確認することができ，施主の意向によって設計変更が生じることもある．

3) やり方（遣り方），ベンチマーク

やり方とは，建築物の高低，位置，方向および心の基準を明確にするために設けるものである．我が国では伝統的に小規模な建築物では，図4・1・1に示すような水貫，水糸で水平と基準点をつくるやり方を設けてきた．図4・1・1に示すように，水貫を固定する地杭には伝統的にいすか切りが施され，地杭が打撃を受けた場合には異常を発見できるように工夫されている．

なお，比較的大規模の建築物の施工では，ベンチマークをもとに，工事が進捗する都度，測量機器を用いて，建築物や部材の位置を確認する方法が採られる．ベンチマークとは，高さと位置の両方を兼ねた施工の基準点である．もともと建築物等の高低の基準であったが，最近では平面上の位置を定めるための基準点としても用いられている．

大規模な建築物では，施工における1つの誤差が小さいものであっても，建築物を高さ方向や水平方向に施工を進めていくと，誤差は蓄積して大きくなっていく．そこで，施工が進捗するごとに，常にベンチマークを基準として位置を確認する．

表4・1・2 着工までに行う敷地状況の確認

①敷地境界の確認	道路や隣接敷地との境界を明確にし，不明な場合は関係者の立ち会いのもと，確認をする．
②既存構造物・地下埋設物の確認	敷地内の工作物や地中のガス管，電線，電話ケーブルなどを確認する．
③隣接建設物の確認	杭打ちや根切り工事など，建築工事の振動によって，隣接する構造物のひび割れ，剥落，沈下などの危険性を把握する．
④騒音・振動の調査	周辺の環境に及ぼす影響を調査し，適切な処理を施す．
⑤排水経路の確認	新設する建築物の排水や常時に伴う汚水の排水方法などを検討し，必要に応じ地元管理者の承認を得る．
⑥敷地周辺の交通状況等の確認	敷地周辺の交通量や交通規制，混雑時間帯，特に通学路等を調査し，建設資材の搬出入経路や搬出入時間帯，交通整理員の配置などの計画に役立てる．
⑦敷地の高低差，既存樹木等の確認	設計図書との整合性を確認し，場合によっては測量を実施する．

写真4・1・1 縄張りの例

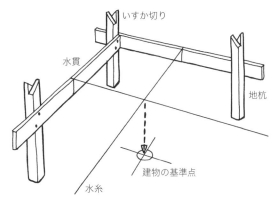

図4・1・1 やり方

ベンチマークは正確に設置し，施工の間は移動しないように養生することが必要であり，通常，2箇所以上設けて，相互にチェックを行えるようにする．図4・1・2に示すように，ベンチマークを地面に設置することもあるが，既存の工作物，隣接する既存建築物あるいは新設した杭等にベンチマークを設けることも多い．

4）墨出し

墨出しとは，設計図書に示されたとおりの建築物をつくるために，建築物を構成する各部材や部位の位置や高さの基準線を施工途中の建築物に表示する作業である．墨出しの主要な目的として下記が挙げられる．

①敷地および周辺の位置の確認のため

②部位・部材の施工・設置確認のため（工事進捗）

③工事品質，安全確保のため

描かれる墨（線）のうち，基準墨は各階の通り心と高さの基準となるレベルを示すものであり，施工誤差の影響を受けないようにするため，ベンチマークから引き出す．特に1階床の基準墨は，上階の基準墨の基となるので，正確を期す必要がある．

図4・1・3に墨出しの例を示す．例えば壁の"通り心"を床の上に墨で描いてしまうと，壁を施工する段階で墨が見えなくなってしまうため，一般に，"通り心"から1m離れた箇所に通り心と平行に墨（線）を描いておき，この墨（線）を基準に壁の施工を行う．この墨(線)を逃げ墨と言う．また，窓や扉などの高さの基準となる墨（線）は，

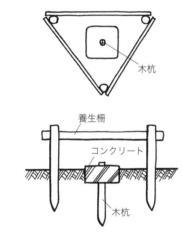

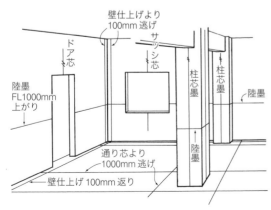

図4・1・2　ベンチマークの例

図4・1・3　仕上工事用の墨出しの例

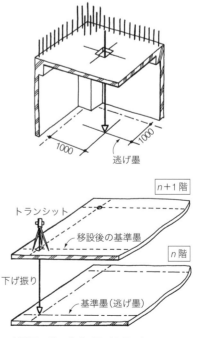

図4・1・4　基準墨の階の移動（墨引き通し）

床の仕上げ面から1mの高さに描くことが原則であり、これを陸墨と言う。2階以上では、通常、床の四隅に小さな穴を開けて、下げ振り等によって下階の基準墨を正確に移していく（図4・1・4：墨引き通し）。

図4・1・5には墨出しに使う主な道具を示した。昔から長い直線は一般に図中の墨坪を使って墨を染みこませた糸をピンと張って平面を叩いて墨を付ける方法を用いてきた。上記では墨（線）を描くと記したが、工事現場では"墨をうつ"とも言う。

4・1・4　足場

　足場は、作業者の手が届かない高所での作業を行うための作業床および作業通路を確保するために組み立てる仮設構造物である。作業者がその上に乗って施工を行うための床であり、足場に不具合や欠陥があると作業者の安全は確保できない。したがって、**足場を構成する材料およびその構造については、労働安全衛生法・労働安全衛生規則において詳細な法規制がとられている**。また、足場は道路や隣地に面した場所に設けることも多く、万一、倒壊等が発生すると、一般の人を巻き込む惨事となるため、強風や地震に対しても安全性を保つように強固に構築しなければならない。建築士は、建築物をつくることだけが仕事ではなく、

(a)トランシット
鉛直と水平の角度を計測する計器。墨出しでは主に通り芯など、平面上の長い直線を書く場合に使用する。

(b)レベル
水平に回転し、同じ高さを計測する計器。墨出しでは、主に高さの基準墨（陸墨）を出す場合に使用する。

(c)回転式レベルレーザー
水平面のレーザービームを飛ばす機器。墨出しでは水平基準墨を出す場合に使用する。レーザービームを鉛直に飛ばす機器もある。

(d)スチールテープ
スチールテープはJIS1級を使用する。幅10mm、長さ30m、50mが主に用いられる。通り芯など、長い距離の計測に使用する。

(e)コンベックス
2mから5mの長さのスケール。各自が携帯して通り芯の基準墨をもとに、細かい墨出しに使用する。

(f)下げ振り
水糸の先に錘を取り付けたもので、鉛直の位置を出す場合に使用する。風の影響を受けるので、レーザービームを応用したものもある。

(g)墨坪
糸巻きと糸に墨を染み込ませる綿からなっている。各種の形があるが、左図は伝統的な形状である。糸を張って直線を打つ。

(h)墨さし
230mm程度の竹の両端に切れ目を入れたもので、墨坪の墨を使って片方は線、片方は文字を書くために使う。

(i)矩尺（指しがね）
ステンレス製の直角に曲げたスケール。古くは√2倍尺の目盛りがあり、対角長さなどを計測できたが、現在はすべて同じで、直角を計測するために使用される。

図4・1・5　墨出しに用いる施工道具　（出典：青山良穂・武田雄二『〈建築学テキスト〉建築施工』学芸出版社、2004）

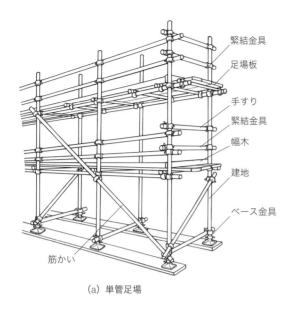

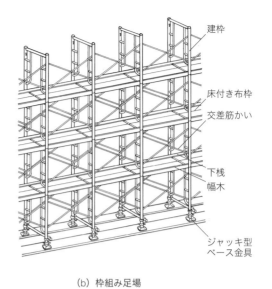

（a）単管足場

（b）枠組み足場

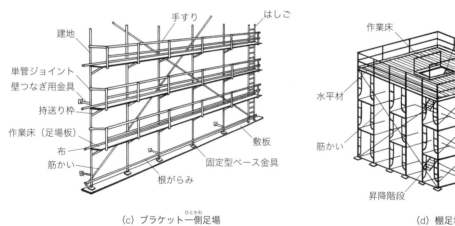

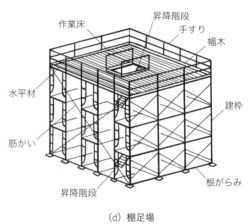

（c）ブラケット一側足場

（d）棚足場

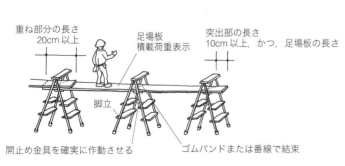

（e）架台足場

（f）機械式伸縮足場

図4・1・6　代表的な足場

安全に建築物をつくることも大きな使命であることから，労働安全衛生規則に定められている各種規定は，建築士の試験問題に頻繁に出題されている．

図4・1・6(a)〜(f)に代表的な足場の形状を示す．足場の構造や用途とともに，図中に示された足場を構成する材料の用語を把握することは施工現場においては重要である．

次に，足場に要求される主要な品質を示す．

①人や積載材料の荷重に対する十分な強度を保有していること

②作業または通行のための十分な広さを保有していること

③作業者の墜落防止およびボルト・ナット等を例とする材片の落下事故防止がなされていること

④想定される強風，地震等に対して倒壊しないような措置がとられていること

⑤人が昇降するための措置がとられていること

⑥組立て，解体が容易であること

⑦転用可能であること

例えば，上記③への対応例として，落下物により工事現場周辺の通行人等のへの危害防止のために，足場の外側面への工事用シートの設置，防護柵（通称，朝顔）などが設置される．

4・1・5 比較的大型の仮設物

表4・1・3に仮設建物など，建築現場に構築される比較的大型の主要仮設物を示す．それぞれ，建築現場の規模や環境に応じて計画される．

表中，仮囲いについては，外部から見た工事現場の雰囲気を和らげるために，外観に環境配慮の絵を描いたり，公共工事では地域の小中学生の絵を印刷している例もあり，ある意味，建築工事現場の顔となっている．

表4・1・3　比較的大型の仮設

仮設構造物	設置の目的と概要
仮囲い	工事現場と外部（道路，隣地）との隔離を行い，通行人の安全，隣地の保全および不法侵入者の防止などのために仮囲いを設ける．木造以外で2階以上の建築物の施工を行うときには，高さ1.8m以上の仮囲いを設けることが建築基準法施行令に定められている．
仮設建物	建築工事を円滑に進めるための建物であり，工事事務所，作業員詰所，衛生施設，材料保管施設などがあり，工事完了時には撤去するので，可能な限り簡素かつ機能性のある建物とする．一般に，軽量鉄骨と薄型パネルを用いる組立てハウス，ユニット部材を連結するユニットハウスが使用される．その他，大型の現場では守衛所が設けられることもある．
仮設通路	工事現場やその周辺に設けられる通路であり，作業用通路と一般通行用通路に分けられる．工事関係者等が安全に通行できるよう，労働安全衛生規則等の規定を遵守して計画する．上り桟橋や階段を含む場合は，関係法令の規定が多いので特に気をつけなければならない．
仮設道路	資材や機材を運搬するための車両の通行，工事用機械の移動，資材の揚重スペースなどのために設置する．一般に考慮すべき車両は，トラック，生コン車およびトレーラー等であり，その他に資材等のストックヤードとして使用されることもあり，使用目的を設定して計画することが必要である．
乗入れ構台	建築現場内において，根切り工事によって車両通行や作業スペースが削減された場合に設ける．車両・工事用機械の乗入れに適した位置に設け，想定する車両の走行・待機，工事用機械の作業に応じた形状・規模・構造のものとする．

4·1·6　揚重運搬機械

図4·1·7に揚重運搬機械の種類，また図4·1·8 (a)～(d)に代表的な揚重機械の姿図を示す．揚重機械は，それぞれ吊り荷の容量，作業範囲および走行性など特徴を有しており，作業の効率性や現場の安全性を支配することが多いため，仮設工事計画では，どの機械をどのように配置するかを入念に検討する必要がある．そのためにはそれぞれの重機の長所，短所を良く理解しておかなくてはならない．

最近では，これらの重機に名前を付けて大きく表示し，作業者の安全確保や作業手順の徹底に活用している事例もある（写真4·1·2）．

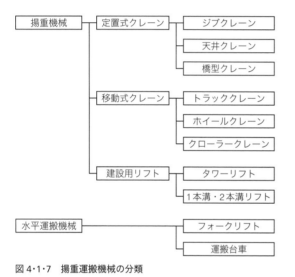

図4·1·7　揚重運搬機械の分類

写真4·1·2　クレーンに名前を表示した例

大質量の揚重に適し，市街地の狭い場所で，ジブの起伏動作によって作業半径を自由に取れるメリットがある．

(a) ジブクレーン
（傾斜ジブ式タワークレーン）

ジブが水平で，吊り荷をトロリーにて水平移動を行うことができ，クレーンの安定および効率も良い．

(b) ジブクレーン
（水平ジブ式タワークレーン）

キャタピラ走行であるため，現場での走行が容易．杭打ちなどに適す．

(c) クローラークレーン

ブームが伸縮し一体であるため，機動性に優れている．ブーム重量がネック．

(d) トラッククレーン（油圧式）

図4·1·8　揚重クレーンの例

4・2 土工事

4・2・1 土工事・地業基礎工事の重要性と地盤調査

　土工事は，敷地に山留を設置し，地盤を掘削するとともに地下水の処理を行うことを言う．地業基礎工事では，土工事に引き続き杭工事や地盤改良を行う．これらの地下工事は，建物の規模が大きい場合など特に工期およびコストに占める割合が大きく，建築施工において非常に重要である．

4・2・2　地盤調査

　土工事，地業基礎工事を行うにあたり，硬い地盤であれば工事は容易となるが，軟弱地盤では様々な困難があり，工事コストも大きく増加する．そこで，地盤の状況を把握するため，地盤調査を行う．

　地盤調査では，ボーリングと標準貫入試験を行うことが一般的である．ボーリングでは，図4・2・1にあるように，地盤を削孔し地盤深さごとに土質試料を採取することで土質柱状図を作成する．また，標準貫入試験は，ボーリングによる削孔と並行して行われ，ある地盤深さごとに63.5kgのハンマーを76cmの高さから自由落下させて打撃し，図4・2・2に示すサンプラーを30cm打ち込むのに必要な打撃回数を求め，それをN値とする．硬質な地盤ほど30cmを打ち込むのに必要な打撃回数が多くなるので，N値が大きいほど硬い地盤と言える．図4・2・3は地盤調査から得られた土質柱状図とN値の試験結果の例である．

　図4・2・3のような地盤調査結果から，土工事の詳細を決定する．硬い良好な地盤であれば，掘削深さが浅い場合は掘削面が自立し山留が不必要になることもある．しかし，軟弱な地盤であれば，山留壁に大きな土圧が作用するため，山留壁の断面が大きくなる，山留支保工の間隔が小さくなるなど，工事の難易度とコストが大きく上昇する．

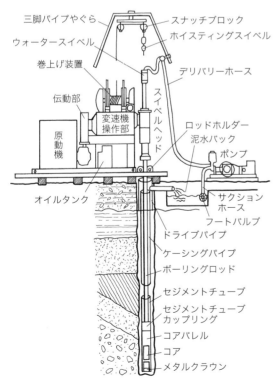

図4・2・1　ボーリングによる地盤調査

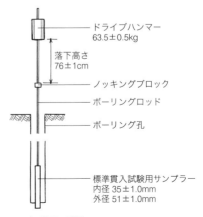

図4・2・2　標準貫入試験

土　質　柱　状　図

調　査　名	○○五丁目地区第一種市街地再開発事業に係る地盤調査業務	備　　　　考
ボーリング No.	6	試料採取方法の記号
所　在　地	東京都中央区○○五丁目地内	P：標準貫入試験用サンプラー　T：シンウォールサンプラー
調査年月日	2010年 3月 1日～2010年 3月 3日	A：トリプルチューブサンプラー　D：デニソン型サンプラー
孔口標高	+2.58m　基　準　T.P.	標準貫入試験の落下用具は半自動落下装置を使用した。
ボーリング工法	ロータリー式オイルフィード型	
実　施　者	○○ ○○　　責任者　○○ ○○	泥水水位・・・3/3 3.00m

標尺 (m)	標高 (m)	深度 (m)	層厚 (m)	孔内水位 (m)	試料採取 番号	試料採取 方法	土質記号	土質名	色調	記事	コンシステンシー 相対密度および	貫入深度 (m)	N値	10cm毎の打撃回数 10 20 30	N値
1		1.60	1.60					埋　土 瓦礫混じり細砂	茶褐灰	1.50mまで試掘。 瓦礫多量混入。	―				
2	+0.98	1.60	1.10	3/1 2.70	P1	P		埋　土 細　砂	暗褐灰	貝殻多量混入。	緩い	1.65 1.95 2.15 2.45	6 30 8 30	2 2 2 1 2 3	
3	-0.12	2.70	0.50	無水掘り水位				埋　土 細　砂	暗　灰	貝殻多量混入。含水量高い。	―	3.15 3.49	3 34	2 1 20 14	
4	-0.62	3.20	1.60		P2 4.80	P		埋　土 シルト質細砂	暗　灰	貝殻多量混入。 上部に瓦礫多量混入。 含水量高い。粒子は細かい。	非常に緩い	4.15 4.45	2 30	1 1 20	
5	-2.22	4.80	1.50		1 5.60	T		砂質シルト	暗　灰	貝殻少量混入。 細砂不規則に混入。 所々粘土分少量混入。含水量高い。	非常に軟らかい	5.00 5.60	0 60	0 60	モンケン自沈（止）
6	-3.72	6.30	0.70		P3	P		シルト質細砂	暗　灰	貝殻多量混入。 含水量高い。粒子は細かい。	緩い	6.15 6.46	1 31	0 1 15 16	孔内水平載荷試験（別孔） 6.00m
7	-4.42	7.00	1.00					シルト質細砂	暗青緑	シルト不規則に多量混入。 粒子は細かい。	緩い	7.15 7.45	8 30	2 2 4	
8	-5.42	8.00	1.10		P4	P		礫混じり 砂質粘土	黄　褐	円礫（φ2～5mm）。 細砂不規則に混入。 粘着性乏しい。色調の変化有り。	非常に硬い	8.15 8.45	23 30	5 9 9	
9	-6.52	9.10	0.50					粘土質細砂	茶　褐	所々粘土ブロック状に混入。 色調の変化有り。	中位	9.15 9.45	25 30	7 9 9	
10	-7.02	9.60	1.90		P5	P		細　砂	黄茶褐	粗・中砂少量混入。	締まっている	10.15 10.45	43 30	13 15 15	
11	-8.92	11.50						細　砂			締まっている	11.15 11.45	41 30	12 14 15	
12			2.20		P6	P		細　砂	黄茶褐	所々中砂混入。	締まっている	12.15 12.45	36 30	10 12 14	
13	-11.12	13.70	0.70		P7	P		細　砂	茶褐灰	所々礫（φ2～5mm）混入。 中砂極く少量混入。	―	13.15 13.45	37 30	10 12 15	
14	-11.82	14.40	1.70		P8	P		細　砂	黄茶褐	粒子は細かい。	締まっている	14.15 14.45	52 30	14 20 18	
15	-13.52	16.10	0.50		P9	P		細　砂	茶褐灰	所々礫（φ2～3mm）混入。 粗・中砂少量混入。	非常に締まっている	15.15 15.45	52 30	14 19 19	
16	-14.02	16.60	1.70		P10	P		細　砂	黄茶褐	浮石薄く挟む。 粒子は細かい。	中位	16.15 16.45	20 30	8 9 11	
17	-15.72	18.30						細　砂				17.15 17.45	38 30	8 11 11	
18			1.60		P11	P		細　砂	黄茶褐	粒子は細かい。	締まっている	18.15 18.45	36 30	8 11 17	
19	-17.32	19.90	0.70								締まっている	19.15 19.45	38 30	10 12 16	
20	-18.02	20.60	0.65					砂質シルト	暗茶灰	硬質状を呈する。所々凝結している。 貝殻多量混入。色調の変化有り。	強　固	20.15 20.45	43 30	14 19 14	
21	-18.67	21.25						シルト質細砂	暗灰褐	シルト不規則に混入。	―	21.15 21.45	44 30	9 19 16	
22			2.65					細　砂	暗灰褐	粗・中砂少量混入。	非常に締まっている	22.15 22.45	55 30	17 19 19	
23	-21.32	23.90										23.15 23.45	52 30	15 18 19	
24								礫混じり細砂	茶　褐	円礫（φ2～30mm）。 粗・中砂少量混入。	非常に締まっている	24.15 24.41	60 26	15 22 23	69
25			3.50									25.15 25.40	60 25	19 23 18 6	72
26												26.15 26.41	60 26	20 25 15 6	69
27	-24.82	27.40										27.15 27.40	60 25	22 25 13 6	72

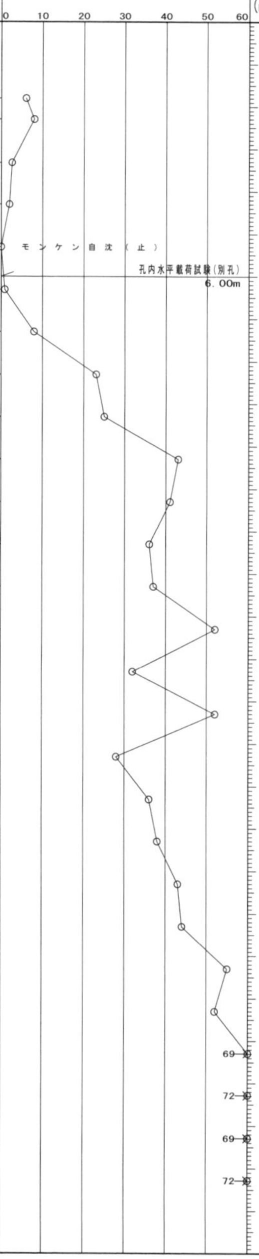

図 4・2・3　土質柱状図と N 値試験結果の例

68

4・2・3　土工事の施工方法

　土工事は仮設工事で，図4・2・4に例示する施工手順にて進めることが一般的である．第一に，地下階を構築するため，地盤を掘削する必要があるが，掘削した法面が崩壊しないように掘削に先立ち，図4・2・4(a)に示す山留を施工する．山留壁には，H型鋼材を地中に打ち込み，その間に横長の板をはめ込んでいく親杭横矢板工法（写真4・2・1），シートパイルと呼ばれる鋼板を地中に打ち込んでいく鋼矢板工法（図4・2・5），および地中を掘りながらセメントミルク（水セメント比の高いセメントペースト）を投入し，その位置で土と練混ぜソイルセメントを構築しH形鋼を挿入していくSMW工法（図4・2・6）などがある．

　山留施工に続き，図4・2・4(b)の掘削をクラムシ

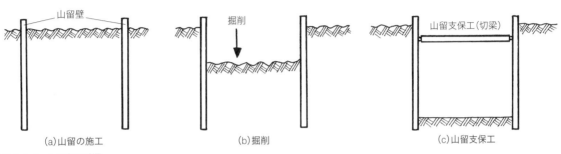

(a)山留の施工　　　　　　　(b)掘削　　　　　　　(c)山留支保工

図4・2・4　土工事の手順

写真4・2・1　山留壁の例（親杭横矢板工法）

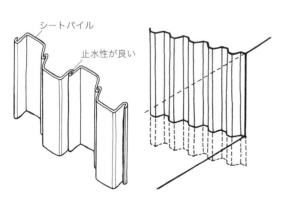

図4・2・5　山留壁の例（鋼矢板工法）

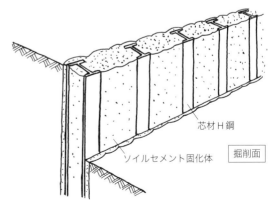

図4・2・6　山留壁の例（SMW工法）

ェル，パワーショベルなどの重機を使用して行う（図4・2・7）．深く掘削するに従い，山留壁に作用する土圧による曲げモーメントが大きくなるため，片持ち梁となる山留壁がこれに抵抗できるよう図4・2・4(c)の山留支保工を設置する．山留支保工にはいくつかの種類があるが，二辺の山留壁の間に施工して軸力で支える切梁工法が最も一般的である（図4・2・8）．山留支保工には，そのほか，アースアンカー工法がある．アースアンカー工法は，地盤側に斜め下方向へ削孔し，アンカーを構築して引抜き抵抗により山留壁を支える（図4・2・9）．同工法は大規模な掘削面積に適し，切梁工法に比べ，掘削側に障害となる切梁等がなく，施工の遂行が非常に容易となる利点がある．

　地下工事では，地下水を適切に処理しないと，掘削範囲内に出水して工事が中断したり，山留の崩壊などの大事故につながることもある．一般的

には，山留壁，遮水スクリーンなどにより地下水の移動を遮断し，掘削範囲内のみで水位を下げるよう必要に応じ排水する山留止水工法が用いられる（図4・2・10）．この場合の山留は，先に示した図4・2・5の鋼矢板工法のほか，ソイルセメント壁が適している．掘削が終了した後の図4・2・4(c)に相当する工事進行状況の例を写真4・2・2に示す．この写真では山留壁にSMW壁工法，山留支保工に切梁が用いられている．

(a)クラムシェル

(b)パワーショベル
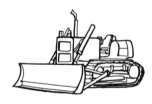
(c)ブルドーザー

(d)スクレープドーザー

図4・2・7　盤掘削用の重機例

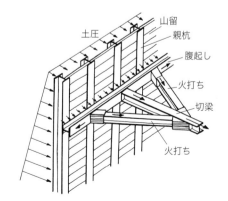

図4・2・8　山留支保工の例（切梁工法）

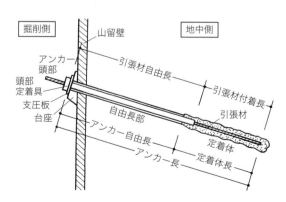

図4・2・9　山留支保工の例（地盤アンカー工法）

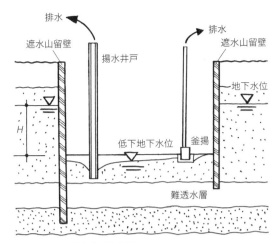

図 4・2・10　山留止水工法の例

写真 4・2・2　掘削終了後の工事状況例

4・2・4　地業基礎工事の施工概要

　建築物には，一般に上部構造の荷重を地盤に伝達するための基礎が存在する．**基礎とは，基礎スラブ（フーチング）と杭・地業を合わせたものであり，一般には直接基礎と杭基礎に大別される**（図4・2・11）．地業基礎工事は土工事と異なり本設工事（建築物本体）であり，施工順に以下の工種がある．

①地盤改良：軟弱地盤の場合に，建築物の基礎地盤として適するよう締固め・脱水・固結・置換などにより人為的に改良し安定化させる工事．

②杭施工：建築物の上部構造の荷重を地盤に伝達する柱状の部材を地盤中に施工する工事．

③砂・砂利・地肌地業：杭基礎の基礎スラブや直接基礎を施工するに先立ち，掘削した地盤表面（根切り底と言う）を敷き砂利などにより強化するする工事で，捨てコンクリートの下地となる（図4・2・11(a)の独立基礎を参照）．

④捨てコンクリート地業：砂・砂利・地肌地業を施した下地の上にコンクリートを打設する工事（図4・2・11(a)の独立基礎を参照）．

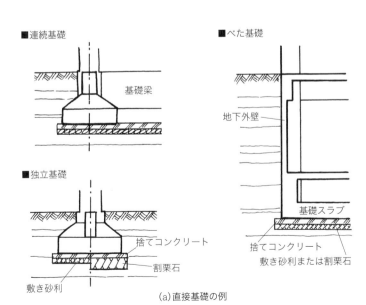

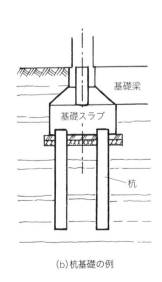

(a)直接基礎の例　　　　　　　　　(b)杭基礎の例

図 4・2・11　基礎の分類

4·2·5　地盤改良

　地盤改良とは，建築物の基礎地盤として不十分な耐力しか有しないシルトや粘土質などの軟弱地盤や，液状化の可能性がある砂質地盤を対象に改良して強化することを言う．地盤改良には原理別に次の4つの種類がある．

①置換工法：浅い軟弱地盤を対象にもとの土層を除去し，砂や砕石など良質な土材料と入れ替える工法．

②脱水工法：ドレーンと呼ばれる排水溝を深さ方向に多数設置し，土中の水を取り除き地盤の強化を図る工法．ドレーン中の透水材料に砂を用いたサンドドレーン工法などがある（図4·2·12）．

③締固め工法：地盤中に支持力のある砕石や砂の柱を一定の間隔で構築し強化する工法．振動を用いて砂を圧入して砂杭を構築するサンドコンパクション工法などがある．

④固結工法：セメントなどの固化材を原位置で地盤中に投入し，土と撹拌・混合することでソイルセメントとし，地盤を強化する工法である．土と固化材を原位置でなく別途混合する方法もある．表面近くの層だけを強化する浅層混合処理（図4·2·13），および地盤中で柱状の固化体を形成する深層混合処理がある（図4·2·14）．

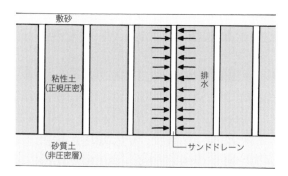

図4·2·12　ドレーン工法の例（サンドドレーン工法）

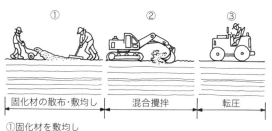

①固化材を敷均し
②撹拌アタッチメントを取り付けた重機を用いて撹拌
③ブルドーザーで敷均した後，ローラーにより転圧・締固め

図4·2·13　浅層混合処理による固結工法

■機械撹拌方式

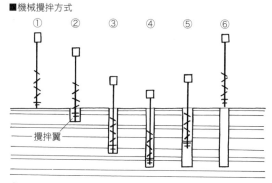

①位置決め，施工機械を据える
②掘削
③スラリー状固化材を先端から噴出しながら，掘削・混合撹拌する
④掘削・混合撹拌完了
⑤引上・混合撹拌する
⑥築造完了

図4·2·14　深層混合処理による固結工法

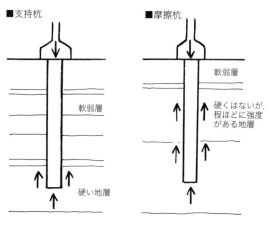

図4·2·15　杭の支持方法による分類

4・2・6　杭施工

1 杭の分類

　杭は建築物の自重を支えることが必要であり，その支持方法により支持杭と摩擦杭に分類される．支持杭は，地盤浅層が軟弱地盤の場合に地盤内部に存在する硬い地層（支持地盤）に杭の先端を到達させ，先端の支持力で建築物の荷重に抵抗するものである．摩擦杭は，中程度の硬さの地盤との間の摩擦で杭を支持する方式である（図4・2・15）．

　さらに，杭はその施工法により打込み工法，埋込み工法，場所打ち工法の3つに分類される．前者2つは予め制作された杭部材（既成杭）を用い，後者は場所打ちのコンクリートにより施工する．既成杭にはRC杭と鋼杭がある．

2 既成杭の施工

　打込み工法および埋込み工法による既成杭の施工について述べる．

　第一の打込み工法では，既成杭を打撃により地盤中に打ち込むもので，最も古くから用いられてきた（図4・2・16）．施工速度が速く経済的であり，杭支持力が高い，施工中に杭の支持力が確認できるなど多くの長所があるが，打撃により大きな騒音・振動が発生する問題があり，市街地での採用は近年難しくなっている．

　第二の埋込み工法は，振動・騒音の問題が比較的小さく市街地で多く採用される．この工法の例を図4・2・17に示す．この工法では，アースドリル，またアースオーガーと呼ばれる掘削機などにより杭を埋め込むために予め削孔する．先端が支持層に達したことを確認した後，杭と孔壁の間を固定する根固め液や杭周固定液と呼ばれる薬剤を注入し，これらが固化する前に既成杭を挿入して完成する．

3 場所打ち杭の施工

　場所打ち杭は，削孔した地盤中の孔壁が崩壊しないように保護する方法によりケーシングを用いる方法（オールケーシング工法など）と安定液を用いる方法（アースドリル工法など）に大きく分類される．

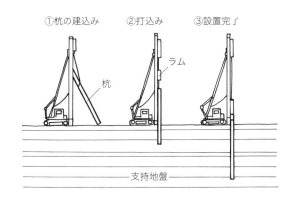

図4・2・16　既成杭の打込み工法の例

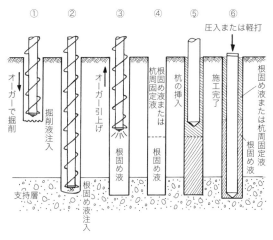

図4・2・17　既成杭の埋込み工法の例

第一のケーシングによる方法は（図4・2・18），まずケーシングと呼ばれる鋼管を地中に杭全長にわたり圧入する．その後，ケーシング内の土砂を掘削・排土して，鉄筋かごを掘削孔中に挿入，その上でケーシングを抜きながらコンクリートを打設する．この際，ケーシングとコンクリート打設区間がラップすることが重要である（図4・2・18の⑥に示すラップ長）．また，土砂の掘削・排土の後には，杭の支持力に大きな影響を与える杭先端部分にスライムと呼ばれる柔らかい堆積物が残るため，これを取り除くこと（スライム処理，図4・2・18の③）が重要となる．

第二のアースドリルと安定液による方法では（図4・2・19），孔壁の保護に安定液と呼ばれる泥水を用いる．スライム処理が重要であることはケーシングを用いる場合と同様である．ケーシングの場合と大きく異なるのは，コンクリートを安定液中に打設する点である．液中にコンクリートを打設するにあたり，トレミー管と呼ばれる打設管でコンクリートを掘削孔中に落とし込むが，トレミー管を既打設のコンクリート中に挿入し，新しく打設するコンクリートが液中を落下しないようにすることがコンクリートの分離を防ぎ品質を確保するために重要である（図4・2・20）．

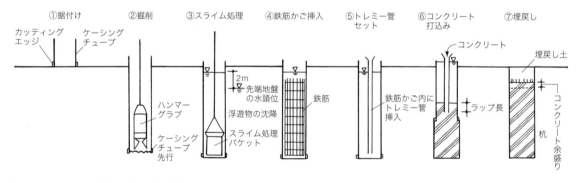

図4・2・18　ケーシングによる場所打ち杭施工の例（オールケーシング工法）

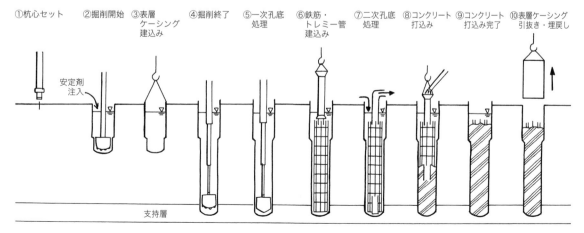

図4・2・19　安定液による場所打ち杭施工の例（アースドリル工法）

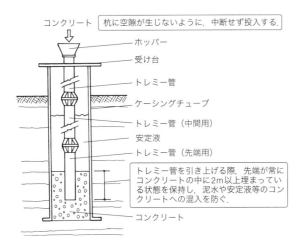

コンクリート 杭に空隙が生じないように，中断せず投入する．

- ホッパー
- 受け台
- トレミー管
- ケーシングチューブ
- トレミー管（中間用）
- 安定液
- トレミー管（先端用）

トレミー管を引き上げる際，先端が常にコンクリートの中に2m以上埋まっている状態を保持し，泥水や安定液等のコンクリートへの混入を防ぐ．

- コンクリート

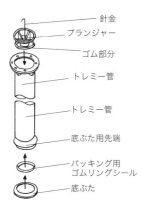

- 針金
- プランジャー
- ゴム部分
- トレミー管
- トレミー管
- 底ぶた用先端
- パッキング用ゴムリングシール
- 底ぶた

図4・2・20　安定液中へのコンクリート打設方法

4・3・1　工事全体のフロー

　図4・3・1に一般的な鉄筋コンクリート造部材の躯体工事の大まかな流れを示す．この図に示すように，鉄筋コンクリートの躯体工事は基本的に「型枠工事」「鉄筋工事」および「コンクリート工事」からなる．この3つの工事は，密接に関連しあっており，総合的な施工計画を立てることが重要である．

　まずコンクリート工事に先立ち，鉄筋工事と型枠工事が行われる．一般にこれらの工事は並行して行われ，部材の種類や工程計画により順序が入れ替わる．例えば，床工事では，先に型枠を設置し，その上で鉄筋工事が行われることが多く，壁部材では先に鉄筋を組み上げて後に型枠を設置していくことが多い．

　鉄筋工事は鉄筋を設計図の通りに配置すること

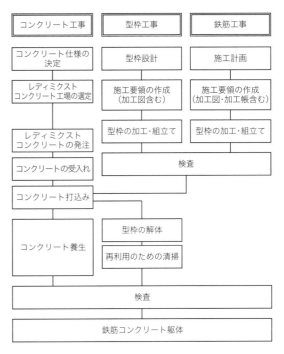

図4・3・1　鉄筋コンクリート工事の大まかな流れ

により所要の性能を発揮する．型枠工事はコンクリートの断面や鉄筋を，所定の寸法や位置に定めるための重要な工事である．鉄筋工事と型枠工事の両者により，鉄筋の位置やコンクリートのかぶり厚さが定められる．鉄筋工事を行う専門工事業者と型枠工事を行う専門工事業者は異なるが，この2つの工事で密接に連携をとることは極めて重要である．さらに，型枠の構造設計はコンクリートの種類や施工の速度等によって変わる．鉄筋工事はコンクリートの種類，特にコンクリート粗骨材の最大寸法を考慮して工事を行わなくてはならない．

以上のように，「型枠工事」「鉄筋工事」および「コンクリート工事」は密接に関連しており，それぞれの専門工事業者の調整を行い，総合的な工事を行わなくてはならない．その役目を果たすのが施工管理者である．

繰返し述べてきたように，鉄筋工事，型枠工事が終了し，コンクリートが打ち込まれて硬化すると，内部の鉄筋の種類や位置の確認が困難になる．

したがって，**プロセス管理として，鉄筋工事と型枠工事が終了したときに行う検査は非常に重要である**．鉄筋の種類や配筋が設計図のとおり工事されているか，型枠が所定の寸法，位置に設置されているか，また両者の工事によってかぶり厚さがきちんと確保されているか，などを入念に検査する．

施工者は自主検査で管理を行い，工事監理者が工事現場で立ち会って検査することも多い．さらに，重要な構造物では第三者機関が立ち会い検査することもある．それほど大事な工事なのである．

4・3・2　鉄筋工事

1 鉄筋工事の施工管理に関する基本事項
1）鉄筋の役割

コンクリートは圧縮力に強く，引張力に弱い性質があるため，例えば無筋コンクリート梁に曲げ荷重がかかった場合，下端が引っ張られるため，ひび割れが生じ，破壊する（図4・3・2）．これを防止するために，梁の下端に鉄筋を入れると，コンクリートがひび割れても，鉄筋が切れない限り破壊しない（図4・3・3）．また，せん断力を受ける場合には断破壊を防止するため，梁の長さ方向に対して直交する方向に鉄筋（せん断補強筋と呼ぶ）を配置する（図4・3・4）．

鉄筋コンクリート造は，鉄筋の周囲に十分にコンクリートが付着することにより，鉄筋はコンクリートと一体となって初めて機能を発揮する．この付着を確保するために，次節に示すように鉄筋には表面に凹凸を加工した異形鉄筋が用いられる．

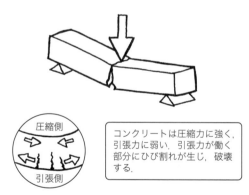

圧縮側
引張側

コンクリートは圧縮力に強く，引張力に弱い．引張力が働く部分にひび割れが生じ，破壊する．

図4・3・2　無筋コンクリートの梁

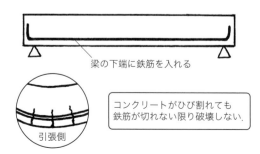

梁の下端に鉄筋を入れる

コンクリートがひび割れても鉄筋が切れない限り破壊しない．

引張側

図4・3・3　鉄筋により補強されたコンクリートの梁

2）鉄筋の種類

鉄筋とは，JIS G 3112 に規定された鉄筋コンクリート用棒鋼のことで，丸鋼（SR, Steel Round）と異形棒鋼（SD, Steel Deform）がある．異形棒鋼は，丸鋼に比べてコンクリートとの付着力が大きいため，現在丸鋼を使用することはない（図4・3・5）．

鉄筋の材質（強度）は，鉄筋の引張試験による降伏点強度で表され，JIS G 3122 の改正（2020 年）により，SD295，SD345，SD390，SD490，SD590A，SD590B，SD685A，SD685B，SD685R，SD785R の 10 種類になった．

鉄筋の径（太さ）による分類は，丸鋼はφ，異形棒鋼は D という記号を付して呼ぶ．例えば，D19 とは概ね直径が 19mm の異形棒鋼を意味する．"概ね"と記したのは，異形棒鋼には表面に凹凸があるため，測定する位置によって直径が一定でないためである．

鉄筋には，その鉄筋の種類（鉄筋径・鉄筋メーカー・材質）を示す記号である「ロールマーク」が刻印されている（図4・3・6）．使用する鉄筋の種類間違いを起こさないために，ロールマークの確認は，配筋検査において重要な検査項目である．

鉄筋の材質を間違えて施工し，取り壊して再施工したという事例もあるので，特に入念な検査が必要である．

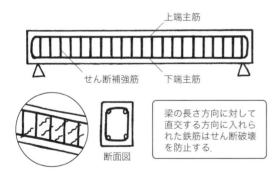

図4・3・4　鉄筋コンクリートの梁

上端主筋

せん断補強筋　下端主筋

断面図

梁の長さ方向に対して直交する方向に入れられた鉄筋はせん断破壊を防止する．

丸鋼

異形鉄筋：丸鋼に比較して付着力が大きい

図4・3・5　丸鋼と異形鉄筋

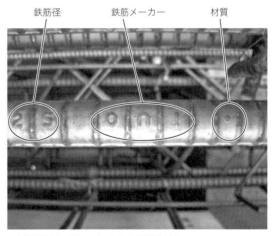

鉄筋径　　鉄筋メーカー　　材質

上記写真は，SD295A・D25の鉄筋を示す．
材質を示す記号は，無：SD295A，●：SD345，●●：SD390，●●●：SD490．

図4・3・6　鉄筋のロールマーク

3) かぶり厚さ

鉄筋の「かぶり厚さ」とは，RC 部材表面側に最も近い鉄筋の表面からこれを覆うコンクリートの表面までの最短距離を言う．かぶり厚さを確保することが重要な理由は，①コンクリートの中性化による鉄筋腐食の防止，②大きな力が作用した場合の主筋に沿った付着割裂ひび割れの防止，③火災時に発生する熱からの防止の3点である（表4・3・1）．

鉄筋コンクリート部材のかぶり厚さの最小値は建築基準法に定められているので，かぶり厚さ不足は，建築基準法違反となることを認識しなければならない．

かぶり厚さには，「最小かぶり厚さ」と「設計かぶり厚さ」の2つの表現方法があるので注意する．「最小かぶり厚さ」とは，コンクリートが打ち込まれた状態で最小限守らなければならないかぶり厚さのことで，これを守るために配筋段階で施工誤差（通常10mm）を加えたかぶり厚さのことを「設計かぶり厚さ」と言う．したがって鉄筋工事の施工管理は，設計かぶり厚さに基づいて実施することとなる．

表4・3・2は日本建築学会が定めた鉄筋コンクリート工事に関する建築工事標準仕様書（以下JASS 5と記す）に示されたかぶり厚さの標準である．この表から設計かぶり厚さは，屋内外，仕上げの有無で規定されており，屋外で仕上げなしの場合，建築基準法より10mm厳しい値で規定されている．なお，耐久性上有効な仕上げありとは，タイル張り，モルタル塗りの場合で，耐久性上有効な仕上げなしとは，打ち放し，吹付けタイル，乾式石張りの場合を言う．

かぶり厚さを確保するためには，図4・3・7に示す数量または配置でスペーサー（例えば図4・3・8）やバーサポート（図4・3・9）を確実に設置し，型枠内における鉄筋の位置を保持する必要がある．

表4・3・1　かぶり厚さの必要性

役　割	必　要　性
①耐久性上必要なかぶり厚さ （中性化による鉄筋腐食防止）	中性化がコンクリート中の鉄筋位置まで進行すると，酸素と水分の作用によって，鉄筋に錆が発生する．錆の体積は元の鉄筋の体積より著しく大きくなるので，錆が進行するとかぶりコンクリートを破壊し，鉄筋に沿ってひび割れを起こす．このひび割れからさらに水分と酸素が侵入し，ますます鉄筋の腐食が進行することになり，構造耐力が低下したり，コンクリートの剥離や剥落が生じ，美観や機能および日常安全性が低下する．そこで，水セメント比，仕上げ材の有無とその種類，施工精度および鉄筋位置まで中性化が進行するまでの時間を考慮して，かぶり厚さを定める必要がある．
②構造耐力上必要なかぶり厚さ （付着割裂破壊防止）	主筋のかぶり厚さが，鉄筋径に対して小さいと，主筋に大きな応力が作用した場合に，主筋に沿ってコンクリートにひび割れ（付着割裂ひび割れ）が生じ，部材耐力の急激な低下をもたらすことがある．このような破壊を防止するため，梁および柱の主筋にあっては，異形鉄筋を用いる場合には，そのかぶり厚さを主筋の呼び名の数値（mm）の1.5倍以上とすることが望ましい． コーナースプリット　　Vノッチスプリット 異形鉄筋の付着割裂パターン
③耐火上必要なかぶり厚さ （火害防止）	鉄筋コンクリート造建築物で火災が発生すると，表面のコンクリートが劣化するだけではなく，内部の鉄筋およびコンクリートの温度上昇によって鉄筋の強度・降伏点およびコンクリートの強度が低下する．鉄筋の降伏点およびコンクリートの強度がそれぞれの長期許容応力度以下に低下すると，常時荷重下で部材の耐力が不足し，火災時の建築物の荷重状態によっては部材の過大なたわみや変形を生じることになる．このため，火災時においても部材の構造耐力の低下や過大なたわみ・変形をきたすような鉄筋および内部コンクリートの劣化を生じさせないように，鉄筋のかぶり厚さを定める必要がある．

表 4・3・2　かぶり厚さの規定

かぶり厚さの規定		JASS 5　最小かぶり厚さ (mm)					JASS 5　設計かぶり厚さ (mm)					建築基準法施工令第79条かぶり厚さの規定
計画供用期間の級		短期	標準・長期		超長期		短期	標準・長期		超長期		
部材・部位		屋内・屋外	屋内	屋外[注2]	屋内	屋外[注2]	屋内・屋外	屋内	屋外[注2]	屋内	屋外[注2]	
構造部材	柱・梁・耐力壁	30	30	40	30	40	40	40	50	40	50	3cm
構造部材	床スラブ・屋根スラブ	20	20	30	30	40	30	30	40	40	50	2cm
非構造部材	構造部材と同等の耐久性を要求する部材	20	20	30	30	40	30	30	40	40	50	2cm
非構造部材	計画供用期間中に維持保全を行う部材[注1]	20	20	30	(20)	(30)	30	30	40	(30)	(40)	2cm
直接土に接する柱・梁・壁・床および布基礎の立上り部		40					50					4cm
基礎		60					70					6cm

注1) 計画供用期間の級が超長期で計画供用期間中に維持保全を行う部材では、維持保全の周期に応じて定める。
注2) 計画供用期間の級が標準、長期および超長期で、耐久性上有効な仕上げを施す場合は、屋外側ではかぶり厚さを10mm減じることができる。

部位	スラブ	梁	柱
種類	鋼製・コンクリート製	鋼製・コンクリート製	鋼製・コンクリート製
数量または配置	上端筋、下端筋それぞれ1.3個/m²程度	間隔は1.5m程度 端部は1.5m以内	上段は梁下より0.5m程度 中段は柱脚と上段の中間 柱幅方向は1.0mまで　2個 1.0m以上　3個
備考	端部上端筋および中央部下端筋には必ず設置	側梁以外の梁は上または下に設置、側梁は側面にも設置	

部位	基礎	基礎梁	壁・地下外壁
種類	鋼製・コンクリート製	鋼製・コンクリート製	鋼製・コンクリート製
数量または配置	面積　4m²程度　　8個　　16m²程度　20個	間隔は1.5m程度 端部は1.5m以内	上段は梁下より0.5m程度 中段上段より1.5m間隔程度 横間隔は1.5m程度 端部は1.5m以内
備考		上または下と側面に設置	

【壁の場合】
・側面に限りプラスチック製も可。
・スペーサーは必ず横筋に取り付ける。
・横筋が縦筋の内側か外側かを確認する。
・スペーサーは寸法ごとに色分けする。

注1) 表の数量または配置は5〜6階程度までのRC造を対象としている。
　2) 梁・柱・基礎梁・壁および地下外壁のスペーサーは側面に限りプラスチック製でもよい。
　3) 断熱材打込み時のスペーサーは支持重量に対して、めり込まない程度の接触面積を持ったものとする。

【共通仕様書】
・スラブのスペーサーは原則として鋼製。
・鋼製のスペーサーは、型枠に接する部分に防錆処理を施す。

図 4・3・7　スペーサーの適正配置

肉厚があり
高耐久な材質とする

図 4・3・8　プラスチック製スペーサー

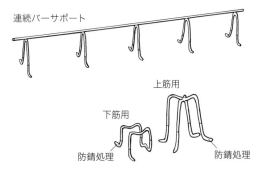

連続バーサポート

上筋用

下筋用

防錆処理　　防錆処理

図 4・3・9　鋼製バーサポート

かぶり厚さが不足したための不具合の例を写真4·3·1に示す．この事例では，鉄筋のかぶり厚さが不足したため，鉄筋が腐食し体積膨張によりコンクリートが爆裂してしまった．

4）鉄筋のあき

「鉄筋のあき」とは同一方向に配置された鉄筋どうしの隙間の長さを言う．参考までに，**鉄筋の中心間の距離を鉄筋間隔と言う**．

鉄筋間のあきが確保されていないと，コンクリートを打ち込んだときに粗骨材が詰まり，コンクリートの欠陥部（豆板，巣と言う）が発生し，耐久性の低下を起こす．また，鉄筋とコンクリートの付着が損なわれるため，応力伝達の低下を起こすことになる．そこで，図4·3·10に示すように鉄筋のあき寸法は，鉄筋呼び名（径が異なる場合は，平均値）の1.5倍・粗骨材最大寸法の1.25倍または25mm以上確保する必要がある．

5）継手

高層建築物の柱を考えてみるとわかるように，建築物の部材は非常に長い．したがって，部材内部の鉄筋も非常に長くなる．しかし，建築部材に相当するような何十，何百mの長さの鉄筋は製造も困難であるし，工場から工事現場まで折り曲げずに運搬することは不可能である．したがって，**実際には短い鉄筋を工事現場でつないで建築部材を構成する．このことを「継手」と言う**．すなわち継手とは鉄筋同士を接合することであり，継手が強固でないと鉄筋同士の力が伝わらないこととなる（図4·3·11）．鉄筋継手は大きく分類すると，重ね継手・ガス圧接継手・機械式継手・溶接継手の4種類となる（図4·3·12）．

写真4·3·1　かぶり厚さ不足に伴う鉄筋腐食によるコンクリートの爆裂

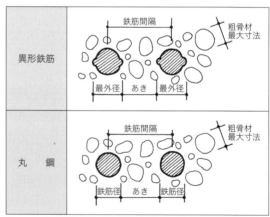

図4·3·10　鉄筋のあき寸法

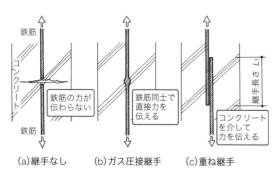

（a）継手なし　（b）ガス圧接継手　（c）重ね継手

図4·3·11　継手の必要性

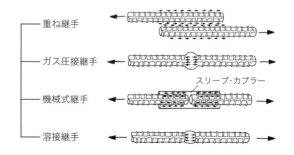

図4·3·12　主な鉄筋継手

①重ね継手

　重ね継手は，コンクリートを介して，一方の鉄筋から他方の鉄筋へ力を伝えることにより一体化が確保できる継手工法である．鉄筋同士の一体化を確保するためには，鉄筋の種類・コンクリートの設計基準強度および端部フックの有無により決められた長さ（重ね継手長さ L_1：表4・3・3）を重ねる必要がある．すなわち，継手を重ね継手で施工する場合には，この重ね継手の長さ，形状および位置長さが最も重要な施工管理対象となる．参考までに，直径の異なる鉄筋継手は，細いほうの継手長さによる．また，$0.2L_1$ かつ 150mm 以下であれば，相互の鉄筋をあけてもよい．これをあき重ね継手と呼ぶ（図4・3・13）．なお，D35 以上には，重ね継手は使用してはいけない．

②ガス圧接継手

　ガス圧接継手は，鉄筋端面同士を突き合せ，軸方向に圧縮力を加えながら，ガスで加熱し一体化する工法である．

　圧接位置は，応力の小さくなる位置に設け，直線部分で圧接する．圧接箇所が同一部に集中させないため，隣り合う圧接箇所は，400mm 以上離す（図4・3・14）．

　圧接部の検査は，外観検査（目視検査），超音波深傷検査（非破壊検査，UT 検査とも呼ぶ），引張検査（破壊検査）などがある．外観検査は，図4・3・15 に示すように圧接箇所全数を目視または測定治具を用いて圧接部の膨らみの直径，膨らみ長さ，圧接面のずれ，偏心量，割れなどを検査する．

表4・3・3　重ね継手の長さ

種類	コンクリートの設計基準強度（N/mm²）	一般 L_1
SD295A SD295B SD345	18	45d 直線または 35d フック付き
	21～27	40d 直線または 30d フック付き
	30～45	35d 直線または 25d フック付き
	48～60	30d 直線または 20d フック付き
SD390	21～27	45d 直線または 35d フック付き
	30～45	40d 直線または 30d フック付き
	48～60	35d 直線または 25d フック付き

（右図：直線，90°フック付き，135°フック付き，180°フック付き）

注）この表は重ね継手長さのイメージを理解してもらうための例として示した．仕様書の種類や年代によって上記の値は異なることに注意いただきたい．

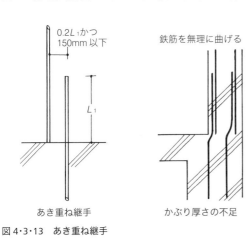

図4・3・13　あき重ね継手

（あき重ね継手　0.2L_1かつ150mm以下　L_1／かぶり厚さの不足　鉄筋を無理に曲げる）

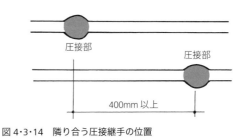

図4・3・14　隣り合う圧接継手の位置

（圧接部　圧接部　400mm 以上）

図4・3・15　圧接継手の性能規定

（圧接部の長さ（1.1d 以上）／圧接面のずれ（1/4d 以下）／鉄筋中心軸の偏心量（1/5d 以下）／主筋などの径(d)／圧接部の膨らみの直径（1.4d 以上））

6) 定着

　2つの部材を緊結するためには，片方あるいは両方の部材の鉄筋が相手側に伸びている必要がある．鉄筋のこの延長部分を定着と呼ぶ．図4・3・16の左図に示すように，定着長さが十分に確保されていないと，部材の接合部で破壊が生じてしまう．したがって，定着長さは十分に確保する必要がある．施工管理に関しては，例えば前述のJASS 5では定着長さの標準値を鉄筋の種類・コンクリートの設計基準強度および端部フックの有無により決められた長さを確保するように定めている（表4・3・4）．

② 代表的な建築部材の配筋工事と品質管理

　写真4・3・2に柱，梁および壁の鉄筋工事状況の例を示す．この写真に示すように各部材の接合部はかなり複雑な配筋状態となる．また，先に示したように，一部の型枠は配筋工事に先立って施工がなされていることがわかる．

　配筋工事は専門工事業者が加工図や加工帳を作成して施工を行い，施工管理者はその承認や施工品質の確認を行う．本節では施工管理を実施するときに，重点的に品質管理しなければならない事

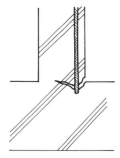

２つの部材を緊結するためには，片方あるいは両方の部材の鉄筋が相手側に伸びている必要がある．上図のように定着長さが不足すると部材は緊結されない．

（a）定着が不足する場合

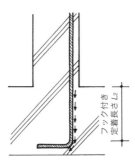

定着長さが充分に確保されると，鉄筋を通して応力がきちんと伝達され，２つの部材の接合部は強固なものとなる．

（b）十分な定着がある場合

図4・3・16　定着の必要性

写真4・3・2　柱・梁・壁筋の組立て状況

表4・3・4　定着長さ

種類	コンクリートの設計基準強度（N/mm²）	定着長さ			
		一般 L_2	下端 L_3		
			小梁	床・屋根スラブ	
SD295A SD295B SD345	18	40d 直線または 30d フック付き			
	21～27	35d 直線または 25d フック付き			
	30～45	30d 直線または 20d フック付き			
	48～60	25d 直線または 15d フック付き	25d 直線または 15d フック付き	10d 直線かつ 150mm 以上	
SD390	21～27	40d 直線または 30d フック付き			
	30～45	35d 直線または 25d フック付き			
	48～60	30d 直線または 20d フック付き			

直線定着　　90°フック付き定着

余長（10d 以上）

135°フック付き定着

余長（6d 以上）

180°フック付き定着

余長（4d 以上）

注）この表は定着長さのイメージを理解してもらうための例として示した．仕様書の種類や年代によって上記の値は異なることに注意いただきたい．

項に的を絞って示している．なお，鉄筋工事の説明は文章では理解が難しいため，本節では，主要な躯体ごとに図や写真によって内容を表している．

1）柱の配筋工事

柱配筋の管理ポイントを図4・3・17～図4・3・19に示す．これらの図では以下を確認いただきたい．

柱の主筋はX方向とY方向で本数が異なることがあるので，配筋時方向を確認して本数を確認することが必要である（図4・3・17）．

フープ形状，割付，副フープ形状，方向，仕口部フープ形状，絞り部補強をきちんと確認する（図4・3・18）．

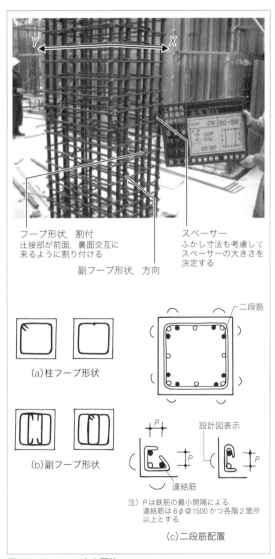

図4・3・17　X・Y方向配筋

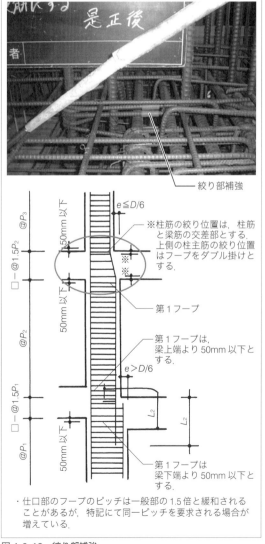

・仕口部のフープのピッチは一般部の1.5倍と緩和されることがあるが，特記にて同一ピッチを要求される場合が増えている．

図4・3・18　絞り部補強

図4・3・19では最上階柱頭定着長さを確認するポイントを示している.

2）梁の配筋工事

梁配筋の管理ポイントを図4・3・20～図4・3・25に示す．これらの図では以下を確認いただきたい．

鉄筋径やX・Y方向の確認を行うことが必要である（図4・3・20）．

図4・3・21では，圧接位置の位置について示した．

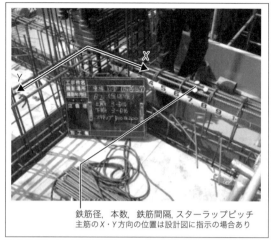

鉄筋径，本数，鉄筋間隔，スターラップピッチ
主筋のX・Y方向の位置は設計図に指示の場合あり

図4・3・20　X・Y方向配筋

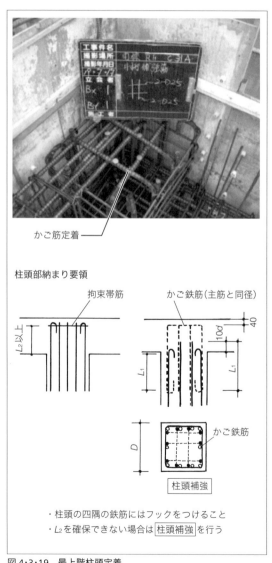

かご筋定着

柱頭部納まり要領

拘束帯筋　　　かご鉄筋（主筋と同径）

かご鉄筋

柱頭補強

・柱頭の四隅の鉄筋にはフックをつけること
・L₂を確保できない場合は 柱頭補強 を行う

図4・3・19　最上階柱頭定着

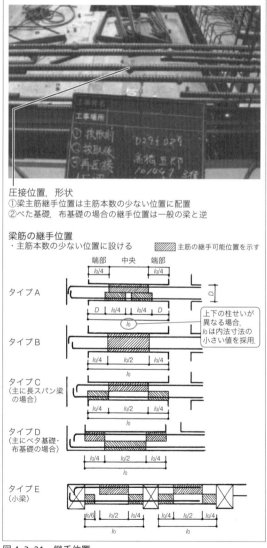

圧接位置，形状
①梁主筋継手位置は主筋本数の少ない位置に配置
②べた基礎，布基礎の場合の継手位置は一般の梁と逆

梁筋の継手位置
・主筋本数の少ない位置に設ける　　　主筋の継手可能位置を示す

タイプA

タイプB

タイプC
（主に長スパン梁の場合）

タイプD
（主にベタ基礎・布基礎の場合）

タイプE
（小梁）

上下の柱せいが異なる場合，l_0は内法寸法の小さい値を採用．

図4・3・21　継手位置

図4·3·22では，定着長さ，位置，方法，かぶり厚さ確保のためのプラスチック製スペーサーの設置例を示している．

図4·3·23は，中吊筋位置やスターラップ形状の確認を示している．

図4·3·24では，柱・梁部材で主筋が一列では納まらない場合，二列二段に配置する方法を示している．一段筋と二段筋（中吊筋とも呼ぶ）の間隔は，大きすぎても構造耐力が低下するので，鉄筋径の1.5倍を確実に守る必要があり，ここではS管等を使用する方法を示した．

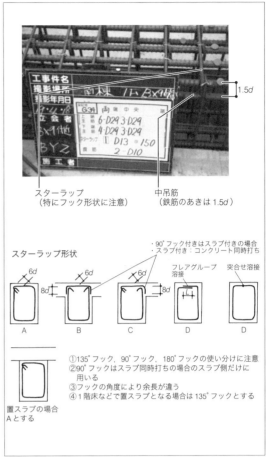

スターラップ
（特にフック形状に注意）
中吊筋
（鉄筋のあきは1.5d）

1.5d

スターラップ形状

・90°フック付きはスラブ付きの場合
・スラブ付き：コンクリート同時打ち

6d　8d　A
6d　B
6d　8d　C
フレアグループ溶接　D
突合せ溶接　D

①135°フック，90°フック，180°フックの使い分けに注意
②90°フックはスラブ同時打ちの場合のスラブ側だけに用いる
③フックの角度により余長が違う
④1階床などで置スラブとなる場合は135°フックとする

置スラブの場合
Aとする

図4·3·23　二段配筋およびスターラップ形状

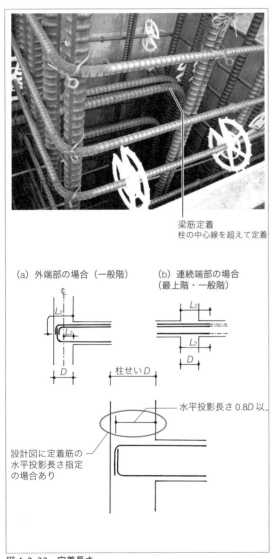

梁筋定着
柱の中心線を超えて定着

(a) 外端部の場合（一般階）
(b) 連続端部の場合
（最上階・一般階）

L_2　L_2
D
柱せいD
L_2　L_2
D

水平投影長さ0.8D以

設計図に定着筋の水平投影長さ指定の場合あり

図4·3·22　定着長さ

・中吊筋の間隔不良・主筋同士の間隔不良
（鉄筋のあきは1.5×鉄筋径とする）
S管による位置固定

図4·3·24　中吊筋

図4・3・25には，配管がある場合の梁貫通補強方法，位置，かぶり厚さの確保について示している．

3）壁の配筋工事

壁配筋の管理ポイントを図4・3・26～図4・3・29に示す．これらの図では以下を確認いただきたい．

図4・3・26には，壁の縦横筋の配置と壁にCD管を入れる場合の処理方法を示した．

図4・3・27は，継手位置，開口部補強筋を示している．

図4・3・28は，柱と梁の定着方法や定着長さの確認について示している．

図4・3・29は耐震壁小口補強筋，構造スリット取付け方法の施工管理のポイントについて示した．

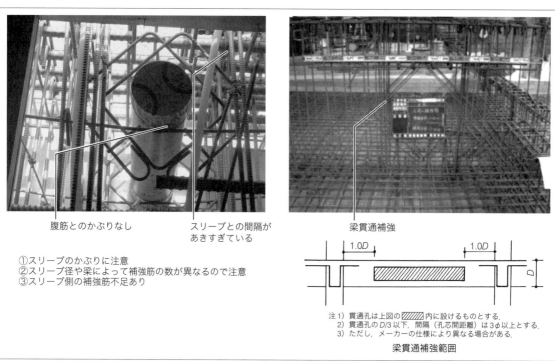

腹筋とのかぶりなし　　スリーブとの間隔があきすぎている

①スリーブのかぶりに注意
②スリーブ径や梁によって補強筋の数が異なるので注意
③スリーブ側の補強筋不足あり

梁貫通補強

注1）貫通孔は上図の▨▨▨内に設けるものとする．
　2）貫通孔のD/3以下，間隔（孔芯間距離）は3φ以上とする．
　3）ただし，メーカーの仕様により異なる場合がある．

梁貫通補強範囲

図4・3・25　梁貫通補強

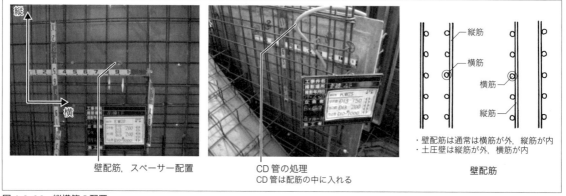

壁配筋，スペーサー配置　　CD管の処理
　　　　　　　　　　　　CD管は配筋の中に入れる

縦筋
横筋
横筋
縦筋

・壁配筋は通常は横筋が外，縦筋が内
・土圧壁は縦筋が外，横筋が内

壁配筋

図4・3・26　縦横筋の配置

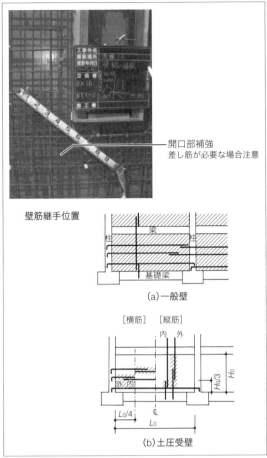

壁筋継手位置

（a）一般壁

［横筋］　［縦筋］

（b）土圧受壁

図4・3・27　継手位置と開口補強

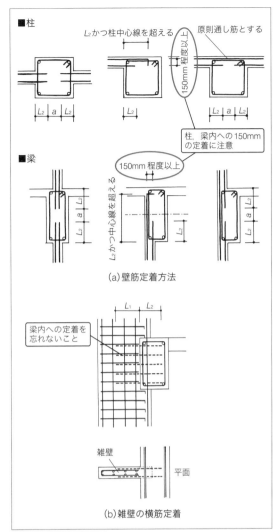

■柱

L_2かつ柱中心線を超える　　原則通し筋とする

150mm程度以上

柱，梁内への150mmの定着に注意

■梁

L_2かつ中心線を超える

150mm程度以上

（a）壁筋定着方法

梁内への定着を忘れないこと

雑壁　　　　平面

（b）雑壁の横筋定着

図4・3・28　定着

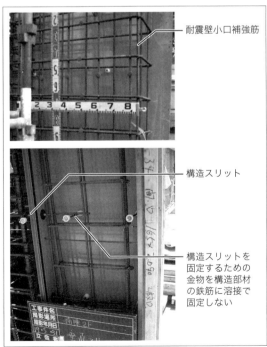

耐震壁小口補強筋

構造スリット

構造スリットを固定するための金物を構造部材の鉄筋に溶接で固定しない

図4・3・29　耐震壁小口補強と構造スリット

なお，壁面にはコンクリートには，ひび割れが発生しやすく，クレームが生じやすい．そのひび割れパターンと原因概念図を図4・3・30に示す．特に壁開口部の隅角部は，ひび割れが発生しやすい（写真4・3・3）ので，斜め補強筋や溶接金網にて補強する．また，各種市販品があるので設計者と協議し決定する．建物の隅近くの最上階と最下階の壁は，建物全体としての乾燥収縮，温度収縮ひずみが大きくなり，ひび割れが発生しやすいので，外壁にはこのひび割れ方向と直交する方向に補強筋や溶接金網を設けること．このとき，かぶり厚さが不足しないように注意する．

なお，最近のRC造建築物の壁面には構造スリットが設けられることが多い．構造スリットとは，図4・3・31に示すように柱と壁を構造上切り離すために設ける隙間のことである．構造スリットの固定をしっかりしていないために，コンクリート打設時に移動することがあるので（写真4・3・4），構造スリットをしっかり固定するともに，コンクリートの打設計画を綿密に立てる必要がある．

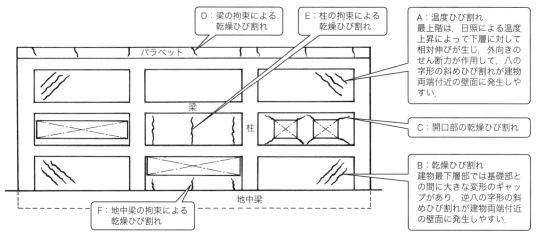

図4・3・30　外壁に発生するひび割れパターンと原因概念

写真4・3・3　開口部隅角部斜めひび割れ

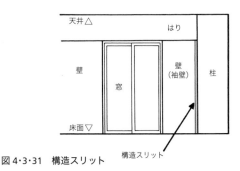

図4・3・31　構造スリット

写真4・3・4　構造スリットの位置ずれ

4) スラブ筋

　スラブ配筋の管理ポイントを図4・3・32〜図4・3・34に示す．これらの図では以下を確認いただきたい．

　スラブの短辺・長辺は各々の梁で囲まれた範囲で考え，スラブの短辺方向は長方形スラブではスパンの短い方向で主筋方向，長辺方向はスパンの長い方向で配力筋方向と呼ぶ．スラブの短辺方向はスラブ配筋量が多いほうとなる．ただし，正方形スラブの場合は短辺・長辺は特にない（図4・3・32）．

　図4・3・33にはスラブ上の仮設的な開口の斜め補強筋，図4・3・34には建物平面隅角部のひび割れ防止用の補強筋の例を示した．いずれもコンクリートのひび割れ防止のために設置する．

　一般の床版の鉄筋は，D10，D13と細い径を用いるので，作業中やコンクリート打設注に上部を歩行することで乱れることから，かぶり厚さや乱れ防止には充分な管理が必要である．かぶり厚さ

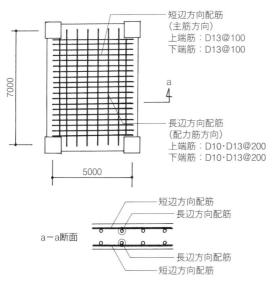

図4・3・32　短辺・長辺方向の見分け方

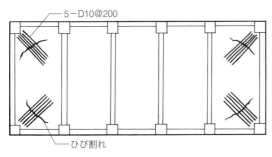

図4・3・34　出隅・入隅補強

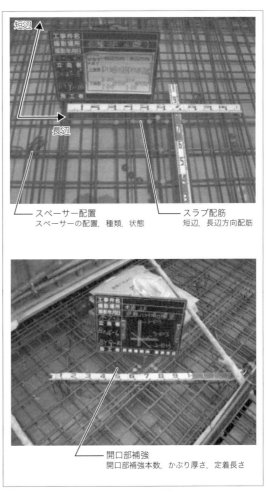

図4・3・33　短辺・長辺方向配筋と開口補強

は端部と中央部を特に厳重に管理し、上筋のスペーサーの高さを間違えないようにする。スペーサーは、組始め、組終わり部分、上下筋に1.3個/m²（0.9m間隔）程度で設置する。端部上端筋および中央部下端筋には必ずスペーサーを設置する。

5）配筋検査（共通事項）

部材の種類によらず、配筋検査における確認すべきポイントを一括して図4・3・35～図4・3・41および表4・3・5に示す。以下の事項を確認されたい。

配筋された鉄筋の鉄筋径、材質の確認は、ロールマークの確認・タグプレートとミルシートの照合を確実に行う（図4・3・35）。

図4・3・36では鉄筋本数、間隔、スペーサー配置の確認について示した。

かぶり厚さは、表の設計かぶり厚さが確保されていること確認することは極めて重要である（図4・3・37）。

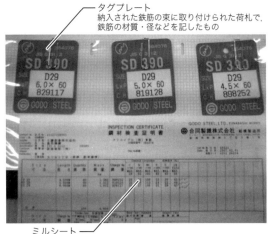

タグプレート
納入された鉄筋の束に取り付けられた荷札で、鉄筋の材質・径などを記したもの

ミルシート
鋼材納入時に添付する「鋼材検査証明書」で、製造番号・鋼番・化学成分・機械的性質などを記したもの

図4・3・35　タグプレートとミルシート

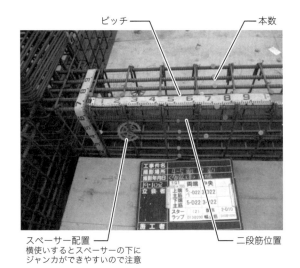

ピッチ

本数

スペーサー配置
横使いするとスペーサーの下にジャンカができやすいので注意

二段筋位置

図4・3・36　鉄筋本数、ピッチ、スペーサー配置

かぶり厚さ確認
かぶり不足は建築基準法違反であることを認識する

図4・3・37　かぶり厚さ

表4・3・5　不良圧接箇所の補正方法

補正方法	切り取って再圧接	再加熱して修正
不良圧接箇所	①鉄筋の中心軸の偏心量が1/5dを超える場合	①圧接部の膨らみの直径が1/4d未満の場合
	②圧接面のずれが1/4dを超える場合	②圧接部の長さが1.1d未満の場合
	③形状が著しく不良なもの、またはつば形の場合	③圧接部に著しい曲がりを生じた場合

圧接継手の外観検査は全数行なうが，不良箇所が発見された場合は，この表4·3·5に従って補正する（図4·3·38）．

図4·3·39および図4·3·40に示すように，配筋の乱れは確実に是正する．特に，スラブ下端筋に乱れによるかぶり不足を発生させないために，以下の対策を講じる．

片持ちスラブの根本上端筋の下がりを防止するために，バー型スペーサーを配置する（図4·3·39）．

コンクリート打設作業時に，鉄筋を踏んだり，コンクリートポンプの配管による鉄筋の乱れを防止するために，メッシュロードや配管馬などを設置する（図4·4·40）．

図4·3·41では，結束後は配筋の内側に結束線を折り曲げることの重要性を示している．結束線の位置もかぶり厚さの対象となり，外側にあるとかぶり厚さ不足になることを認識する．結束線には，なまし鉄線・亜鉛メッキ鉄線・ステンレス

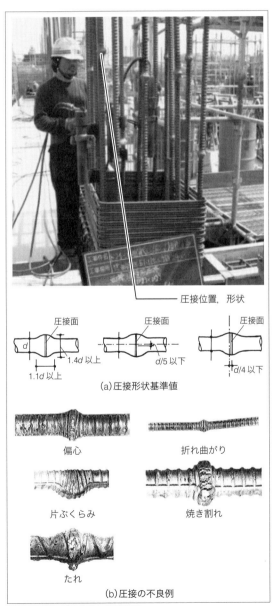

(a)圧接形状基準値

偏心　折れ曲がり

片ぶくらみ　焼き割れ

たれ

(b)圧接の不良例

図4·3·38　圧接形状の外観検査

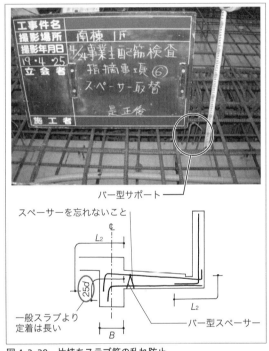

バー型サポート

スペーサーを忘れないこと

一般スラブより定着は長い

バー型スペーサー

図4·3·39　片持ちスラブ筋の乱れ防止

線があり，塩害の恐れがある場合は，できるだけ
亜鉛メッキ鉄線・ステンレス線を用いる．

　また，清掃状況については，型枠内に木片（桟
木，コンパネ等）や結束線が残置されていないか
確認し，ある場合は必ず除去する．

└── メッシュロードで作業通路の確保　　　　└── 配管馬の使用

図4・3・40　スラブ筋の乱れ防止

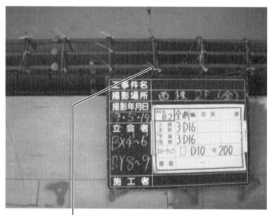

結束状況
結束後は配筋の内側に結束線を折り曲げ，
かぶりを確保すること

図4・3・41　鉄筋の結束状況

4・3・3 型枠工事

1 型枠の役割

鉄筋コンクリート造建築物を構成する鉄筋は型枠の中に組み立てられ，その中にコンクリートが打ち込まれる．したがって，**部材内部の鉄筋の位置，コンクリート部材の位置・形状・寸法は型枠によって定まる．すなわち，コンクリートおよび鉄筋で構成される鉄筋コンクリート造建築物・部材の品質は「型枠工事の品質によって左右される」**と言っても過言ではない．

鉄筋コンクリート工事において，型枠は下記の役割を有している．

① コンクリート部材の形・寸法・位置を決める．
② 鉄筋の位置を決める．
③ コンクリートが硬化するまで，部材重量や施工荷重を保持する．
④ 初期材齢のコンクリートを養生する．
⑤ コンクリートの表面性状を決める．
⑥ 内部配線・配管など保持し，躯体に設置されるコンセント，スイッチ等の位置を定める．

上記に示すように，型枠は施工時には施工荷重を支え，コンクリート硬化時には強度発現に貢献し，施工後の鉄筋コンクリート部材の品質を定めるという，非常に重要な役割を有していることがわかる．

2 型枠工法の種類

表 4・3・6 に示すように，型枠工法を大別すると「転用型枠工法」と「打込み型枠工法」に分類される．転用型枠は，コンクリート成型用として用いられ，コンクリートが所用の強度に達すると撤去されてしまうものであり，仮設工事の1つである．打込み型枠工法は，コンクリート成型に用いた型枠をそのまま残し，竣工後の建築部材の耐久性や構造性能に寄与する材料として用いられる．打込み型枠工法は，型枠を取り外し，解体するという手間がなくなることが大きな利点であり，近年の工事では，例えば集合住宅の床工事ではハーフPCa，高層住宅の構造部材では外殻PCa等が使用される割合が高くなっている．しかし，一般的なコンクリート工事では，これまでの実績や経済性の観点から合板型枠を用いた転用型枠工法（在来型枠工法）が最も多く用いられているのが実情である．型枠工事の基本はこの在来型枠工法であるため，次節以降では合板を用いた在来工法について説明する．

表 4・3・6　型枠工法の種類

	施工後の状態	型枠の役割	型枠の種類
転用型枠	コンクリートが所定の強度に達した後に除去（脱型）される	コンクリート成形	合板せき板を用いた在来型枠
			鋼製転用型枠
			樹脂系パネル転用型枠
			システム型枠
		コンクリート成形ならびにコンクリート品質向上	透水性せき板を用いた透水型枠
		コンクリート成形，型枠工事の合理化	スリップフォーム
			堅結材改良型枠
打込み型枠	施工後も建築部材の一部として使用される	施工の合理化（特に地下部材）	ラス型枠
		床の施工の合理化	デッキプレート，フラットデッキ
		部材の耐久性に寄与	薄肉打込み型枠
		部材の断熱性に寄与	断熱材兼用型枠
		構造性能に寄与	ハーフPCa
			合成構造デッキプレート
			外殻PCa

3 在来型枠工法による型枠工事

型枠工事の大まかな流れを図 4・3・42 に示す. まず, 施工管理者は工事全体の施工計画を踏まえ, 型枠工事に関する施工計画を立てる. 型枠工事の規模を想定し, 工程計画や人員計画を立て, 型枠工事に不可欠の足場工事計画等ともに所轄の労働基準監督署に工事の届け出を行うことが必要である. どの工事でも同様であるが, 工程計画を立案する際には, 工事規模や作業者の人数をもとに工期を定めることとなるが, 型枠工事の場合, 作業量はコンクリート部材の表面積で表す. 在来型枠工事の労務歩掛の例を表 4・3・7 に示す.

同表を用いて, 例えば階高 3.5m 以上の内壁型枠組立ての歩掛を 10m²/ 人・日と設定したとする. 当該工事のある階の内壁の表面積が 200m² の場合, 作業に必要な延べ人数は, 200÷10 = 20 人・日ということとなる. ちなみに, この工事を 5 日で終了させたいときには 4 人の作業者を配置というように試算を行う. また, 図 4・3・43 に型枠工事関連する工程表の例を示す. 実際の工事では型枠工事が鉄筋工事やコンクリート工事と密接に関連して進められることがわかる.

型枠の加工図作成から加工・組み立ては, 一般に型枠大工と呼ばれる専門工事業者が行い, 施工管理者は工事の品質管理や他の工事との調整を行うこととなる. 先の図 4・3・42 に示したように, 型枠工事と並行して鉄筋工事が行われ, また設備配管の位置や大きさは型枠工事に大きく影響するため, 工事に先立ち入念な調整が必要となる. このため, 他工事との調整を施した躯体図を早急に作成し, 可能な限り速やかに専門工事業者に渡すことが施工管理者の努めとなる.

また, コンクリート硬化後, コンクリートが所定の材齢もしくは所要強度に達したら型枠を解体する. 一般に型枠を硬化コンクリートから外すことを脱型と呼び, その時期を脱型時期と言う. コンクリート強度発現や施工中の構造物の安全性に密に影響するため, 脱型時期は各種規定や仕様書に定められているので注意が必要である.

図 4・3・44 に在来型枠工法による型枠の組立て例を示した. 同図に示すように型枠は単純なパネル状ではなく, 数多く材料から構成される複雑な構造であることがわかる. 以下に型枠を構成する主要な材料を示すが, 前節に示したように型枠は重要な役割を有するので, 施工管理者は工事の品質管理を入念に行い, 工事監理者は必要に応じて立会い検査を行う.

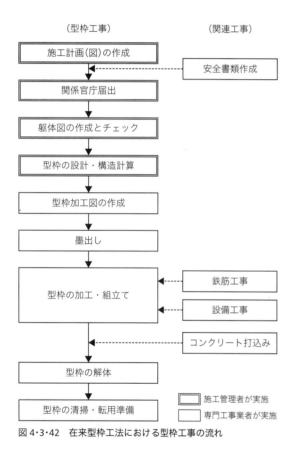

図 4・3・42　在来型枠工法における型枠工事の流れ

表 4・3・7　型枠工法の労務歩掛の例

作業名	条件	歩掛 (m²/ 人・日)
柱型枠組立て	階高 3.5m 未満	7 〜 13
	階高 3.5m 以上	5 〜 10
内壁型枠組立て	階高 3.5m 未満	8 〜 16
	階高 3.5m 以上	7 〜 12
大ばり型枠組立て	RC 造	6 〜 12
スラブ型枠組立て	—	10 〜 20

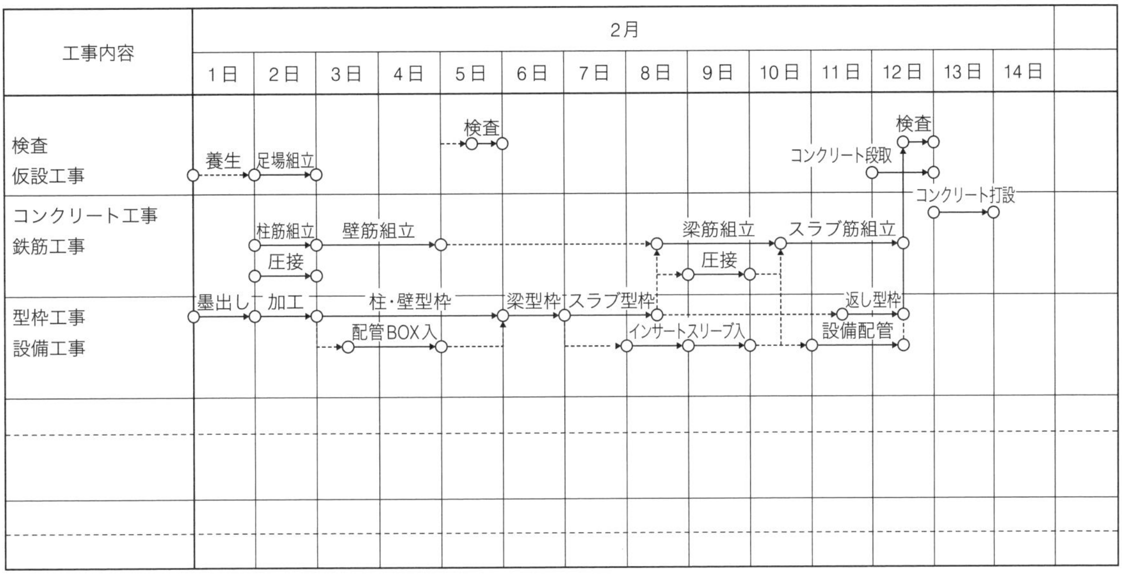

工事内容	2月														
	1日	2日	3日	4日	5日	6日	7日	8日	9日	10日	11日	12日	13日	14日	
検査 仮設工事	養生	足場組立			検査						コンクリート段取	検査 コンクリート打設			
コンクリート工事 鉄筋工事		柱筋組立 圧接	壁筋組立					梁筋組立 圧接		スラブ筋組立					
型枠工事 設備工事	墨出し	加工	柱・壁型枠 配管BOX入			梁型枠	スラブ型枠	インサートスリーブ入			返し型枠 設備配管				

図 4・3・43　在来型枠工法における工程表の例

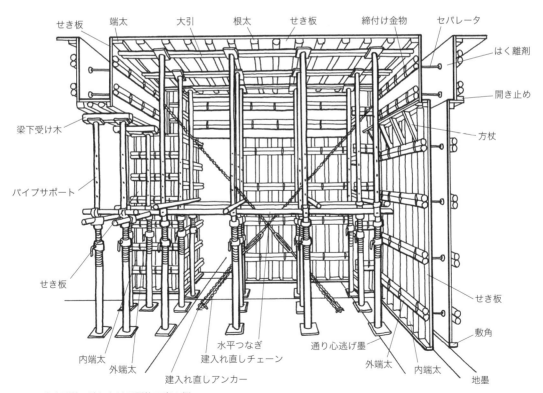

図 4・3・44　在来型枠工法における型枠工事の例

1）せき板

　型枠のうち，コンクリートと直接接する材料を
せき板と言い，必然的にせき板の表面性状がコン
クリートの表面性状（平滑度）を定める．一般的
な型枠工事では，合板表面に塗装を施して剥離材
を塗布し，コンクリートからの水分吸収を抑制し
た塗装合板が用いられることが多いが，仕上げの
種類によっては平滑すぎるコンクリート表面とな
る場合もある．

　せき板はコンクリート打込み後初期には，コン
クリートからの水分散逸を防ぐ効果があるため
（保水養生），その存置期間が各種基準に定められ
ている．

　また，床用のせき板には，図4・3・45に示すよう
な天井や電灯などを吊り下げるためのインサート

金物を取り付け，他の建築部材の設置に利用する
ことも多い．

2）端太，根太，大引，セパレータ

　せき板が変形すると，出来上がったコンクリー
ト部材も変形してしまう．せき板はコンクリート
が硬化するまではコンクリートからかなり大きな
圧力（側圧と言う）を受け，また施工荷重も作用
する．これらの外力に対して，せき板が，所定の
位置，形状を保ち，変形しないように補強・補剛
するために端太，根太，大引およびセパレータが
用いられる．図4・3・46，図4・3・47にそれぞれ柱・
梁および壁の型枠の例を示す．同図に示すように
せき板は外側を縦方向の内端太で固定され，さら
にその外側を横方向の外端太でしっかりと補強さ
れて上下方向の湾曲（変形）が防止される．また，
同図の梁，壁型枠の内部に示されているように，
セパレータがせき板の開き止めとして用いられる．
図4・3・48に示すように，セパレータは外端太に
固定してネジで締め上げられ，その緊張力でコン
クリートの側圧によるせき板の開きを防止する．
図4・3・49には床型枠の例を示す．床型枠ではせ
き板は根太，大引によって湾曲（変形）が防止さ
れている．なお，端太や根太・大引の本数や間隔

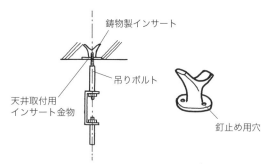

図4・3・45　天井取付用インサート金物

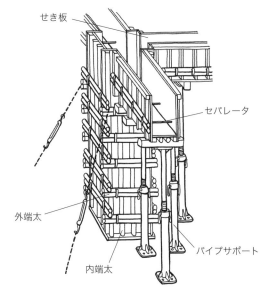

図4・3・46　柱および梁型枠工事の例

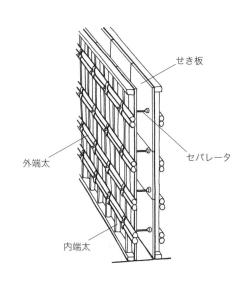

図4・3・47　壁型枠工事の例

は構造計算によって定める.

　端太の取付け工事等の合理化は，工事全体の工期短縮等につながるため，図4・3・50（コラムクランプ）や図4・3・51（ビームホルダ）に示されるような施工性や転用性を図ったシステム型枠材料も汎用されている.

3）支保工（支柱，間柱，斜め材，水平つなぎ）

　型枠はコンクリートが硬化するまで，部材の重量や施工荷重（作業者や作業機械の重量など）を支えなければならない. 万一，崩壊するようなことがあれば大事故となるため，強固な構造とする必要がある.

　前記の①，②で示した部材が所定の位置に保持するために設置する支柱（パイプサポート），水平つなぎ等を総称して支保工と言う.図4・3・44〜図4・3・49にも示されているように，コンクリートの自重や施工荷重を支え，型枠全体の倒壊を防ぐ重要な役割を持っている. 一般に支柱には図4・3・52に示すようなパイプサポートが使用され，その品質や強度試験方法は厚生労働省の告示で細かく規定されている. パイプサポートはクランプと呼ばれる緊結用金物で自在につなげること，すなわち組立て解体の容易性が特長である（図4・3・53）.

　なお，支柱等の本数や間隔は構造計算によって定める. 図4・3・54にパイプサポートを用いた支保工の設置例を示すが，作業者の安全に深く関わ

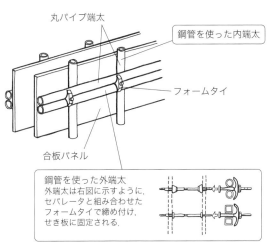

丸パイプ端太
鋼管を使った内端太
フォームタイ
合板パネル

鋼管を使った外端太
外端太は右図に示すように，セパレータと組み合わせたフォームタイで締め付け，せき板に固定される.

図4・3・48　セパレータの設置例

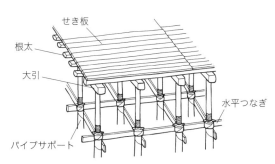

せき板
根太
大引
水平つなぎ
パイプサポート

図4・3・49　床型枠工事の例

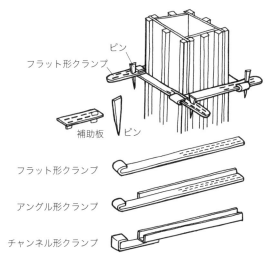

ピン
フラット形クランプ
補助板
ピン

フラット形クランプ
アングル形クランプ
チャンネル形クランプ

図4・3・50　柱型枠に用いられるコラムクランプの例

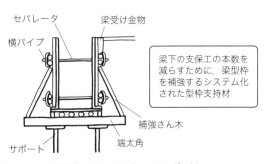

セパレータ
梁受け金物
横パイプ
梁下の支保工の本数を減らすために，梁型枠を補強するシステム化された型枠支持材
補強さん木
サポート
端太角

図4・3・51　梁型枠に用いられビームホルダの例

ることから，労働安全衛生規則にもその構造方法
が定められている．

最後に，表4・3・8に型枠工事に関する品質検査
項目と主な内容を一括して示した．施工管理者，
工事監理者ともに品質管理の項目や方法をきちん
と理解しておくことは極めて重要である．

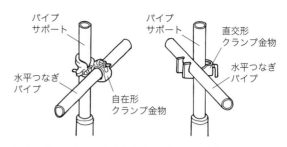

図4・3・53 クランプによるパイプサポートの組立て

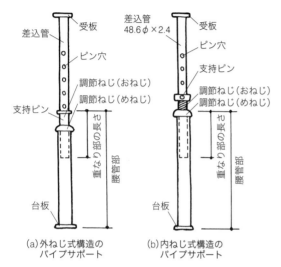

図4・3・52 パイプサポート

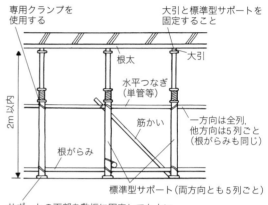

図4・3・54 パイプサポートによる支保工の組立て

表4・3・8 型枠工事における品質管理のポイント

	検査対象	検査・確認の内容
受入れ時	せき板	搬入ロットごとに，材種，厚さ，JASマークの確認．転用品の場合は欠陥がないことを確認．
	支保工	パイプサポート，単管支柱等は仮設工業会の認定基準に適合していること．JIS規格がある丸パイプ等はJIS規格品であることを確認．
施工時・コンクリート打込み前	柱・壁等の建入れ	下げ振り，トンボ枠等を用い，鉛直の精度を確認．
	柱・壁等の通り	水糸，ピアノ線等を張って確認．
	梁・スラブ等のレベル	水平度，むくりを確認．
	内法寸法	設計図書どおりの各部材の寸法が得られるかを内法寸法で確認．
	鉄筋のかぶり厚さ	せき板と鉄筋との距離を計測してかぶり厚さを確認．
	型枠内の清掃状況	型枠内部に木くずやゴミが入っていないか確認．
	貫通孔の位置	設備開口，スリーブ管の大きさや位置の確認．
	埋設金物	サッシ取付け等のアンカー金物の位置，天井吊り等のためのインサート金物の位置などを確認．
	せき板の隙間・段差	コンクリートのノロ漏れを起こすような隙間がないか，またせき板どうしの段差がないかを確認．
	面木・目地棒の取付け	面木・目地棒等が所定の位置に設置されているかを確認．
	支保工	本数・位置・通り・高さの確認．ピンの外れの有無，傾き，水平つなぎ，締付け支保工の浮きや沈み，脚部の滑止め，振止めが計画通りになされているか確認．
	天端表示位置	コンクリートの打込み天端位置を表示するさん木，墨または釘の位置を確認．
	パイプサポート継手	継手に異常がないことを確認．
コンクリート打込み中・直後	支保工	施工に伴う振動等でボルト等の緩みがないか，コンクリートの自重による沈みがないかを確認．

4・3・4 コンクリート工事

1 コンクリート工事のフロー

図4・3・55にコンクリート工事のフローを示す。
建築施工段階では，概ね下記の順にコンクリート工事を進めていき，最後の養生が終了するとコンクリートの仕上げ工事に入る。

①工場の選定と発注
②受入れおよび受入れ検査
③打込み
④型枠の存置（保水養生）
⑤型枠の解体（脱型）
⑥養生（給水養生）

次節以降はコンクリート工事施工管理に関して主要な業務を概説する。

2 コンクリート仕様の決定

設計図書に指定されたコンクリートの設計基準強度を満足するように，**基本的に所要の強度，施工性および耐久性を得られるようにコンクリートを選定し，工事の方法を定める**。また，近年は環境配慮も重要視されてきており，再資源化されたコンクリート用材料（例えば，スラグ・フライアッシュセメントの活用，再生セメント，再生骨材の活用など）を積極的に使用すること，いわゆるグリーン調達を進めている自治体等もあるので，

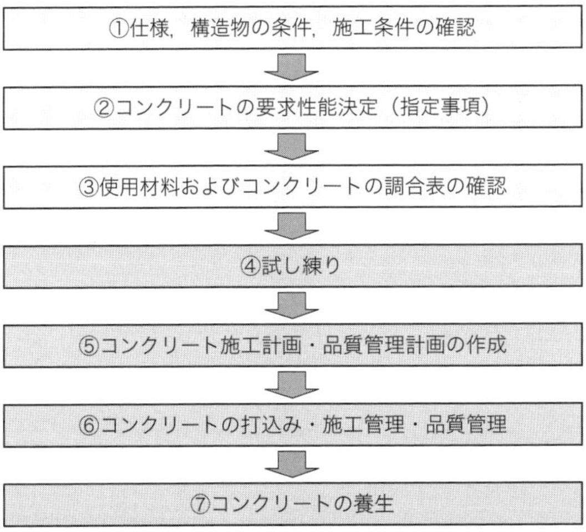

これらを配慮することも必要である。

表4・3・9にコンクリートの種類を示す。高強度コンクリートや軽量コンクリートなどコンクリートの物性によってコンクリートの名称が異なる。

また，コンクリートの種類は同じであっても，工事の時期によってコンクリート工事の名称が異なることがある。例えば，夏期に施工する場合には暑中コンクリート工事となり，寒冷地の冬期に施工する場合には寒中コンクリート工事となる。コンクリート物性や求める品質は同じであっても，施工の方法が異なることがある。

コンクリートの調合を定めるには，所要の品質が得られるかを確認するために試し練りを行うことが原則である。大規模な工事では，特殊なコンクリートを必要とすることも多く，施工管理者や工事監理者がレディーミクストコンクリート工場（以下，生コン工場と記す）まで出かけ，試し練りに立ち会うことも多い。

ただし，JISに規定された一般的な品質のコンクリートをJIS認定を受けた工場に発注するときには試し練りは一般に省略される。

3 工場の選定と発注

コンクリートの製造は生コン工場で行う方法，現場にプラントを構築する方法がある。後者は大規模な工事現場で構築されるものであり，一般には前者の方法で製造されたコンクリートを購入する。

レディーミクストコンクリート（以下，生コンと記す）販売は，一般に地域の生コン工場で組織した生コンクリート協同組合で販売する。したがってJISに規定された一般的なコンクリートを発注する場合には，この協同組合に対して発注を行うこととなる。

特殊なコンクリートや現場の状況から生コン工場を選定する場合はもちろんのこと，協同組合が納入工場と指定した生コン工場についても，工場の管理や技術能力を確認することが重要である。コンクリートの単位水量がその品質に大きく影響するため，これを左右する骨材の保管状態（写真

①仕様，構造物の条件，施工条件の確認
②コンクリートの要求性能決定（指定事項）
③使用材料およびコンクリートの調合表の確認
④試し練り
⑤コンクリート施工計画・品質管理計画の作成
⑥コンクリートの打込み・施工管理・品質管理
⑦コンクリートの養生

図4・3・55　コンクリート工事に関する施工管理の大まかな流れ

表 4・3・9　コンクリートの種類

大分類	区　分	コンクリートの名称	説　明
物性	密度による区分	軽量コンクリート	密度が概ね 2.1 t/m³ 以下のコンクリート．建築物や部材の質量を低減したい場合に用いられる．粗骨材に軽量骨材を用いた 1 種と粗骨材と細骨材の両方に軽量骨材を用いた 2 種がある．
		普通コンクリート	密度が概ね 2.1 t/m³ を超え 2.5 t/m³ 以下のコンクリート．普通骨材を用いており，一般の鉄筋コンクリート構造物に用いられる．
		重量コンクリート	密度が概ね 2.5 t/m³ を超えるコンクリート．重量骨材を用いており，遮蔽用コンクリートとして用いられる．
	強度による区分	高強度コンクリート	一般に使用されるコンクリートよりも強度の高いコンクリート．JASS 5 では設計基準強度が 36N/mm² を超える部分に用いるコンクリートと定義している．
	流動性による区分	流動化コンクリート	施工現場で流動化剤を後添加（あとてんか）して，施工のための流動性を高めたコンクリート．
		高流動コンクリート	製造時に著しく流動性を高めたコンクリートで，スランプフローは 45cm を超える．CFT 構造や自己充填コンクリートに用いられる．
使用材料	使用骨材による区分	砂利コンクリート	粗骨材に砂利を用いたコンクリート．
		砕石コンクリート	粗骨材に砕石を用いたコンクリート．
		普通（骨材）コンクリート	普通骨材（密度が 2.5 〜 2.7g/cm³ 程度）を用いたコンクリート．
		軽量（骨材）コンクリート	軽量骨材（密度が 1.2 〜 1.7g/cm³ 程度）を用いたコンクリート．
	使用混和剤による区分	プレーンコンクリート	混和剤を添加しないコンクリート．
		AE コンクリート	主として凍結融解抵抗性と流動性を増すために，AE 剤を添加した空気連行コンクリート．
		AE 減水剤コンクリート	AE 減水剤を添加し，単位水量と単位セメント量を低減した空気連行コンクリート．
		高性能 AE 減水剤コンクリート	高性能 AE 減水剤を添加し，さらに単位水量と単位セメント量を低減した空気連行コンクリート．
製造方法	製造方法による区分	レディーミクストコンクリート	工場で練り混ぜられ，まだ固まらない状態で現場に搬入されるコンクリート．
		現場練りコンクリート	工事現場にコンクリート製造設備を設置して，そこで練り混ぜられるコンクリート．
		プレキャストコンクリート	工場もしくは工事現場内の製造設備によって，あらかじめ製造されたコンクリート製品．
施工環境	施工時の気温による区分	寒中コンクリート	寒中に施工するコンクリート（工事）．
		暑中コンクリート	暑中に施工するコンクリート（工事）．
施工対象	施工部位・部材による区分	マスコンクリート	断面の大きな部材（壁で 80cm 以上，柱で 1m 以上が目安）で，セメントの水和発熱により欠陥が生じる可能性のあるコンクリート．
		水中コンクリート	水中に打ち込むコンクリート．建築工事では安定液中に打ち込む場所打ち杭が主な対象である．
		無筋コンクリート	軽微な基礎スラブや土間コンクリート，捨てコンクリートなど，配筋を施さないコンクリート．
		住宅基礎用コンクリート	木造構造物の基礎，小規模な門・塀などに用いるコンクリート．
立地環境	立地環境による区分	凍結融解作用を受けるコンクリート	寒冷地の建築物に使用するコンクリートで，凍結融解に対する耐久性を特に必要とするコンクリート．
		海水の作用を受けるコンクリート	海水中や波しぶきを受けるコンクリート．塩分による鉄筋腐食に対する対策が必須となる．

注）CFT（Concrete Filled Tube）構造：コンクリートを充填した鋼管を柱部材として用いる構造形式．
　　プレーンコンクリート：無筋コンクリートの意味で用いられることがある．

（出典：日本建築学会『建築材料用教材』2011）

表 4・3・10　練混ぜから打込み完了までの時間

外気温が 25℃ 以下のとき	2.0 時間以内
外気温が 25℃ を超えるとき	1.5 時間以内
→外気温に関わらず 1.5 時間以内を目安とする．	

4・3・6）や骨材の表面水率の計測方法などはきちんとチェックすることが重要である．

コンクリートは時間とともに水和反応を起こして硬化が進む材料であるから，製造してから打ち込むまでの時間に制約がある．いわゆる消費期限のある生ものであり，生コンクリートという呼び名も納得できる．表 4・3・10 に示すように上記の時間は，気温が 25℃ 未満のときは 120 分，25℃ 以上のときは 90 分である．したがって，製造してから上記の時間で打ち込みが終了できる距離にある工場を選定することは重要である．

生コンの発注は設計基準強度に余裕を上乗せした強度のコンクリートを発注する．発注する強度を呼び強度と言い，強度の単位 N/mm² は付けずに無次元で表現する．発注は，コンクリートの基本品質として，呼び強度，スランプ，骨材の最大寸法，必要に応じて空気量を指定し，当然のことながら，量と納入日時も指定する．なお，JIS に規定されたレディーミクストコンクリートには名前があり，一例として以下のような記号で表す．

普通　21　18　20 N

これは普通コンクリート／呼び強度が 21 ／スランプ 18cm ／粗骨材の最大寸法 20mm ／普通ポルトランドセメントを用いたコンクリートを表す．

すなわち，JIS に定められたコンクリートは，種類／呼び強度／スランプ（またはスランプフロー）／粗骨材の最大寸法／セメントの種類を順に標記して表す．

4 受入れおよび受入れ検査

運搬されてきたコンクリートを工事現場で受け入れるときには，まず，納品伝票で確認を行う．多忙時には同じ現場で種類の異なるコンクリートを発注することもあるので，当該工事に納められたコンクリートの種類や品質が正しいかを納品書で確認することは重要である．納入伝票で確認すべき内容を図 4・3・56 に示す．

納品伝票の確認後，受入れ検査を行う．基本的な検査項目は下記のとおりである．

①スランプ（スランプフロー）

野積み骨材ヤードの工場はできるだけ避ける

(a)コルゲートサイロ

(b)屋根付き骨材ヤード

写真 4・3・6　生コン工場における材料の保管状況のチェック

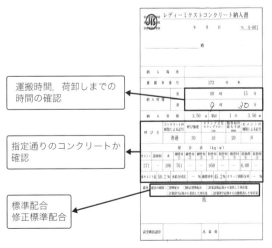

運搬時間，荷卸しまでの時間の確認

指定通りのコンクリートか確認

標準配合修正標準配合

図 4・3・56　納品伝票で確認すべき事項

②空気量

③塩化物含有量

④強度（強度試験用供試体の作製）

当然のことながら，上記の試験には合否判定の基準が設けられているため，施工管理者はこの合格の範囲を熟知していなければならない（表4・3・11参照）.

5 コンクリートの打込み

コンクリートを設置した型枠の中に入れることを「打込み」と言う．工事現場では「打設」とい

表4・3・11　納入される生コンの品質管理

項目	試験方法	回数	判定基準	試験機関
ワーカビリティ	目視	全運搬車	良好であること	施工者
スランプ	JIS A 1101	圧縮強度試験用供試体採取時	15,18 ± 2.5cm	施工者もしくは試験代行技術者
			21 ± 1.5（2.0）cm	
空気量	JIS A 1116		4.5 ± 1.5%	
	JIS A 1118			
	JIS A 1128			
温度	JIS A 1156		10℃ 以上 35℃ 以下	
塩化物量	JIS A 1144		0.3kg/m³ 以下	
	JASS 5			
	T-502			
圧縮強度	JIS A 1108	打込み工区，打込み日ごと，かつ150m³以下に3個の供試体	1回の試験結果が呼び強度の85%以上，3回の試験結果の平均が呼び強度以上	第三者機関
構造体コンクリート強度	JIS A 1108		1回の試験結果が調合管理強度（呼び強度）以上	
	JASS 5			
	T-603			
施工時の強度管理用圧縮強度	JASS 5	適宜	所要強度以上	施工者もしくは第三者機関
	T-603			

写真4・3・7　生コン車の配車状況

写真4・3・8　生コン車の荷卸し状況

打設量200m³/日程度の場合

・ポンプ圧送工：2名　　　　　・鉄筋工合番：1名
・締固め（2台）：2名＋補助2名　・型枠工合番：1名
・型枠たたき：2名　　　　　　・設備工・電気工：各1名
・洗浄・残コン処理：2名　　　・左官工：4名

図4・3・57　コンクリート工事の打込み作業における人員配置の例

う言葉も使われるが，同じことを意味する．生コン工場から現場へのコンクリート運搬には，トラックアジテータ（以下，生コン車と記す）が一般に用いられる（写真4・3・7）．生コン車から荷卸しされたコンクリートは，コンクリートポンプによって圧送して，打込みの場所まで運搬されることが多い．写真4・3・8には生コン車からポンプ車にコンクリートが荷卸しされている状態を示す．なお，コンクリートバケットと呼ばれる大きな容器にコンクリートを荷卸しし，クレーンで吊って打込み場所に運搬することもある．図4・3・57にコンクリートの打込み時の作業員の配置計画の例を示す．打込み場所（現場ではポンプ筒先と言う）には数多くの作業員が必要であることがわかる．

打込み場所に運搬されたコンクリートは，型枠内に材料分離が生じないように打ち込む．型枠が乾燥しているとコンクリートの水分を吸水し，コンクリートの流動性が悪くなるので，型枠内は必ず清掃し，必要に応じ型枠を湿らせておく等の処置を施す．打込み準備の要点を図4・3・58に示す．

部材の打込み順序は図4・3・59に示すとおりである．打込みで材料分離を生じさせないためには，コンクリートは低い場所，概ね1.5m以下から鉛直に落とすことが原則であり，打ち込んだ後に横移動をしない．

打ち込んだ後は，コンクリート内部の空隙を少なくし，鉄筋等との密着性を高めるために，締め固めを行う．締め固めには振動機（棒形振動機）を用いることが一般的であるが（写真4・3・9），突き棒や木づちを補助的に用いることもある．振動

○打込み場所を清掃して異物を取り除く
　・木片，鉄筋片，結束線を取り除く
　・ハイウォッシャーで鉄筋を清掃
○散水してせき板および打継ぎ面を湿潤にする

図4・3・58　コンクリート打込み前の準備の要点

写真4・3・9　コンクリートの打込みの状況（棒状バイブレータによる振動締固め）

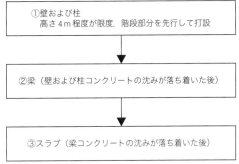

①壁および柱
　高さ4m程度が限度，階段部分を先行して打設

②梁（壁および柱コンクリートの沈みが落ち着いた後）

③スラブ（梁コンクリートの沈みが落ち着いた後）

図4・3・59　コンクリートの打込み順序

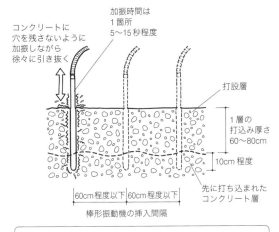

・コンクリートポンプ車1台につき，棒形振動機（バイブレータ）2台以上を配置（写真4・3・9参照）
・コンクリートの打込み速度は，20〜30m³/hが目安

図4・3・60　コンクリートの締固めの方法

機を用いる場合，過度の振動や不適切な振動を与えるとコンクリートの材料分離の原因となるため，振動機の挿入間隔や振動時間の目安が定められている．棒形振動機の配置目安を図4・3・60に示す．また，建築現場でのコンクリートの打込みの様子を写真4・3・10に示す．

コンクリート工事では，ある場所までコンクリートを打ち込んだ後，次のコンクリートを打ち込むまでに時間を要することがある．先に打ち込んだコンクリートが硬化しないうちに次のコンクリートを打ち込むことを打重ねと呼び，新旧のコンクリートが一体化するように振動締め固めを行わなくてはならない．

硬化した先打ちコンクリートに接するように，

写真4・3・10　コンクリートの打込みの状況（表面均し）

└コールドジョイントに伴う
　ひび割れを補修している様子

図4・3・61　コールドジョイントの発生例

表4・3・12　せき板の存置期間（JASS）

管理方法	存置期間中の平均気温	早強ポルトランドセメント	普通ポルトランドセメント 混合セメントA種	混合セメントB種
施工箇所 セメントの種類		基礎，梁側，柱，壁		
コンクリートの材齢による場合（日）	20℃以上	2	4	5
	10℃以上20度未満	3	6	8
コンクリートの圧縮強度による場合	計画供用期間（短期・標準）	圧縮強度が10N/mm²以上となるまで		
	計画供用期間（長期・超長期）	圧縮強度が15N/mm²以上となるまで		

写真4・3・11　仕上げ工事の状況

写真4・3・12　スラブの散水養生の状況

新しいコンクリートを打ち込むことを打継ぎと呼ぶ. 先打ちコンクリートが後打ちコンクリートと接する部分はきちんと処理を施し, 一体化するように施工することが重要である. 打継ぎ部に施工不良が生じると, コールドジョイントと呼ばれる分離層ができ, 貫通ひび割れが生じた状態となり, 著しい欠陥を生じさせてしまう (図4・3・61).

6 コンクリートの養生

養生は, コンクリートの所要の強度, 耐久性および水密性を確保し, ひび割れなどの欠陥を低減させるために, 打込み後の一定期間, コンクリートに適切な温度と湿度を保持することである. 特に湿度を保持する湿潤養生はコンクリートの品質を確保するために極めて重要である.

湿潤養生は, 基本的にコンクリート中の水分の散逸を防止する「保水養生」と外部から積極的に水分を与える「給水養生」に分けられる.

保水養生の代表が, せき板の存置である. 型枠を構成するせき板を長い期間存置することにより, コンクリートからの水分散逸を防止するという, 最も基本的な養生である. したがって, 表4・3・12に例を示すように, 多くの仕様書でせき板を取り外すまでの時間 (せき板の存置期間と言う) が定められている. 他の保水養生として, 養生マットや膜養生剤なども使用される.

型枠を脱型した後や床の上面など, コンクリート部材が空気と接するとき, 散水や高圧水分噴霧養生などで, 積極的にコンクリートに水分を供給することは, 極めて重要な養生と言える. 写真4・3・11は床スラブの表面仕上げの様子である, この表面仕上げの後にコンクリートの効果状態を見計らって, 写真4・3・12に示すような散水養生を行うことがコンクリートの強度発現, ひび割れ防止に重要である.

多くの標準仕様書には湿潤養生期間が定められているが, 仕様書の規定は最低限の期間と認識して, 可能な範囲で湿潤養生を長く行うことはコンクリートの品質向上に大きく寄与する.

4・3・5 代表的なRC床スラブ構法

鉄筋コンクリート建築物の床スラブは, 前節までに示した各種工事によって施工される. ここでは施工されたRC躯体を床スラブ部材とする構法について概説する.

床スラブは, 建築物の中間階における歩行用の床スラブと屋上の屋根スラブによって構法が全く異なる.

前者に関しては, 図4・3・62に示すように, 通常は構築されたRC躯体の上に歩行用の仕上げを施して構築する. 空間の活用目的から, 下足歩行用,

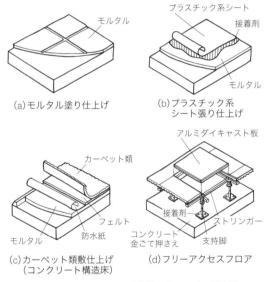

(a)モルタル塗り仕上げ
(b)プラスチック系シート張り仕上げ
(c)カーペット類敷仕上げ (コンクリート構造床)
(d)フリーアクセスフロア

図4・3・62 鉄筋コンクリート建築物の床スラブの構法例
(出典:日本建築学会『構造用教材』2011)

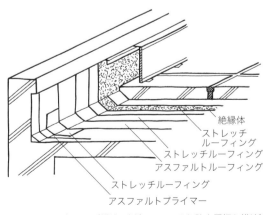

図4・3・63 屋根スラブ構法の例(アスファルト防水層押え構法)
(出典:日本建築学会『構造用教材』2011)

素足歩行用およびフリーアクセスフロアなどのための仕上げがRC躯体の上に構築される.

屋上の屋根スラブには，図4・3・63および図4・3・64に例を示すようなメンブレン防水層が躯体の上に構築される.

なお，RC床躯体については，近年，図4・3・65に示すようなハーフプレキャスト床スラブ（ハーフPCaスラブ）が，集合住宅を中心に多く用いられている．これは工場で製造したプレキャスト部材（PCa部材）を建築現場で敷きならべ，これを型枠としてその上に工事現場で鉄筋工事，コンクリート工事を施して，RC床躯体を構築する方法である．型枠の解体が不要であるため，工事の合理化が達成でき，写真4・3・13に示すようなハーフPCaを用いることによりボイドスラブ（軽量・床衝撃音減少）を構築することもできる.

4・3・6　代表的なRC壁構法

床スラブ同様，鉄筋コンクリート建築物の壁は4・3節までに示した各種工事によってRC壁躯体が構築される．ここではこのRC壁躯体から壁部材とする構法について概説する．外気と接するRC外壁の典型例として，外部・タイル張り壁面，内部・クロス仕上げの断面構成を図4・3・66に示す．なお，立地環境に応じ，躯体内部側に断熱材が施されることがある．同図に示す外装仕上げの概要は以下の通りである.

①タイル仕上げの場合

コンクリート外壁面に，セメントモルタル塗り後，タイルを張付けモルタルで張る（図4・3・67）.

②吹付けタイルの場合

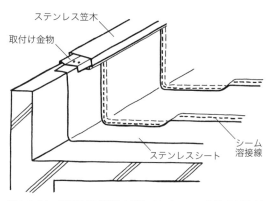

図4・3・64　屋根スラブ構法の例（ステンレスシート防水層構法）
（出典：日本建築学会『構造用教材』2011）

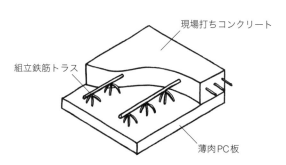

図4・3・65　ハーフPCaスラブ
（出典：日本建築学会『構造用教材』2011）

写真4・3・13　ボイドスラブ構築用のハーフPca部材の敷込みの様子

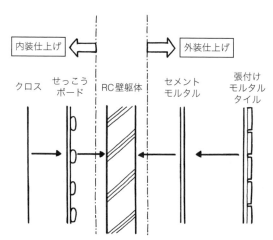

図4・3・66　コンクリート壁面の内外装仕上げの構成

コンクリート外壁面に，下地調整後，塗材を吹き付ける．内装仕上げの概要は以下の通りである．

①クロス仕上げの場合

コンクリート内壁面に直に張る場合とせっこうボード張り後（図4・3・68），その上にクロスを接着剤にて張る場合がある．

②塗装の場合

コンクリート内壁面に，下地調整後，塗料をローラーにて塗る．

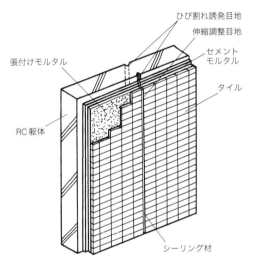

図4・3・67　タイル張り外壁の構成

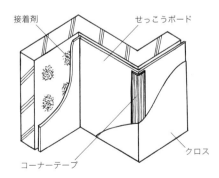

図4・3・68　せっこうボード張り内壁
（出典：日本建築学会『構造用教材』2011）

4・3・7　仕上工事

建築仕上げ工事は，すべてのRC躯体の最終工程として行われる．本節では，壁面の仕上げ工事に的を絞り，壁面の外装，内装仕上げ工事に関する施工管理や品質管理の要点を示す．

1 外装仕上げ工事（外壁における外気側）

RC外壁の最も外表面側の仕上げは大きく下記の3種類に分類される．

①打放し仕上げ

②タイル張り仕上げ

③塗装仕上げ

上記のうち，打放し仕上げは，基本的に壁型枠を脱型すれば工事は終了であるが，美観の維持や中性化防止のため，塗膜系仕上げ材や浸透性吸水防止材のような無色透明の塗装を施すことがある．タイル張り仕上げ，塗装工事の下地として，図4・3・69に示すセメントモルタル塗りが施されることが多く，これを左官工事と言う．本節では，左官モルタル工事を含め，タイル張り仕上げ工事と塗装仕上げ工事について概説する．

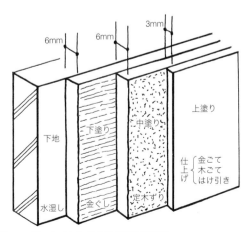

図4・3・69　セメントモルタル塗りの工程

1) 左官工事

コンクリート壁面で，表層仕上げが塗装およびタイルの場合，左官工事による下地としてセメントモルタル塗りを行うことが多い．これは基本的にコンクリート躯体の凹凸を補正し，平坦な下地面をこしらえるための工事であるが，一旦コンクリートと剥離すると，仕上げ材を含めた外壁の剥落事故となるため，躯体との接着力の確保が最も重要な品質管理対象となる．接着性や施工性を確保するため，樹脂を混入したポリマーセメントモルタルを用いる．

ところで，コンクリートにモルタルがなぜ付着するのか，その「接着の仕組み」についての定説はないが「投錨効果説」が有力である．「投錨効果」とは，図4・3・70に示すように，セメントペーストや吸水調整材が下地のへこみや穴に入り込んで，ちょうど錨を投げ込んだようになり，接着力を確保するという考え方である．

セメントモルタル塗りの工程の例を図4・3・71に示す．同図は，下塗り，中塗りおよび上塗りの3層塗り工法を示しているが，コンクリート躯体の状態や仕上げの種類によって，1層塗りまたは2層塗りで左官工事を終了することも多い．施工計画段階で塗り層数を定めて，施工計画の通りに施工および施工管理を実施することが重要である．

モルタル塗りは1回の塗厚を薄く，下地コンクリートに近いほうから図4・3・71に示すように富⇒貧調合になるように塗り重ねていくのが原則で

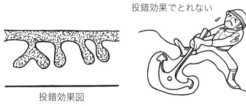

図4・3・70　投錨効果の概念
(出典：小俣一夫『塗り材料の基礎知識』工文社，1991)

表4・3・13　材齢による乾燥の目安

下地材料	夏期	春・秋期	冬期
コンクリート	21日	21～28日	28日
セメントモルタル せっこうプラスター	14日	14～21日	21日
ドロマイトプラスター しっくい	2ヶ月	2～3ヶ月	3ヶ月

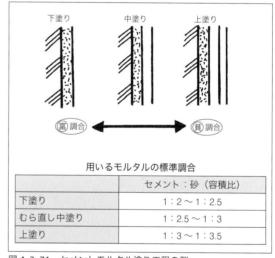

用いるモルタルの標準調合

	セメント：砂（容積比）
下塗り	1：2～1：2.5
むら直し中塗り	1：2.5～1：3
上塗り	1：3～1：3.5

図4・3・71　セメントモルタル塗り工程の例

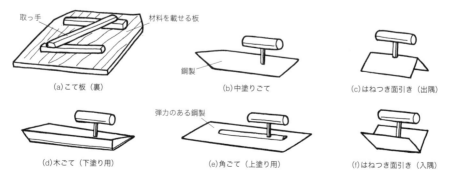

図4・3・72　左官仕上げ用器具

あり，塗り重ねは充分に時間間隔を取って（乾燥収縮ひび割れを出させて）仕上げていく．なお，富調合，貧調合とはモルタル中に締めるセメントの割合によるものであり，セメントの割合が多いほど富調合と言う．モルタルが乾燥する材齢の目安を表4·3·13に示す．なお塗り厚が厚くなり過ぎるとその自重により，剥離が生じやすくなる．左官工事の仕上がりにおける重要な品質管理対象は，「塗り厚」，「平坦さ」，「仕上げの種類に応じた平滑さ（粗さ）」となる．なお，左官仕上げ用器具を図4·3·72に示す．

2）タイル張り工事

①タイルの種類

タイル工事に使用するタイルは，粘土・けい石・陶石・長石などの天然原料を粉砕混合し，プレス成形（乾式成形）あるいは押出し成形（湿式成形）により形を整え，1100〜1300℃の高温度で焼成したものである．

表4·3·14に示すように素地の質によって，磁器質タイル，せっ器質タイル，陶器質タイルに分類される．また，焼成前に素地の表面にうわぐすり（釉薬）を施す施釉タイルと施さない無釉タイルとがある．図4·3·73にタイルの断面形状の例を示すが，この図のように，タイルの裏面はモルタルとの付着性を増すために裏足が施されており，蟻足形状（$a < b$ の状態）になっている．

②タイル張り工法

一般的な外壁タイルの張り工法として，改良圧着張り，改良積上げ張り，密着張り，モザイクタイル張り，マスク張り，圧着張りなどが挙げられる．通常，タイルは張付けモルタルと呼ばれるポリマーセメントモルタルを用いて張り付ける．タイルの種類により，適切なタイル張り工法があるので表4·3·15を参照して選定する．なお，最近では有機系の弾性接着材を用いたタイル張り工法も実用化されており，その耐久性試験が多くの研究者によってなされている．

③タイル工事における主要な品質管理

表4·3·14　タイルの種類とその性質

種類	特徴	焼成温度	素地の状態（吸水性）	釉の有無
磁器	素地は透明性があり，緻密で硬く，打てば金属性の清音を発する．破砕面は貝殻状を呈する．	1250℃以上	ほとんど吸水しない（1.0%以下）	施釉 無釉
せっ器	磁器のような透明性はないが焼き縮まって吸水性が小さい．	1200℃前後	やや吸水する（5.0%以下）	施釉 無釉
陶器	素地は多孔質で吸水性が大きく，叩くと濁音を発する．	1000℃以上	かなり吸水する（22.0%以下）	多くが施釉

注）施釉タイル：うわぐすりをかけたもの
　　無釉タイル：うわぐすりをかけていないもの

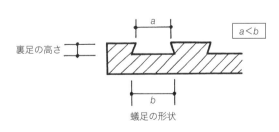

図4·3·73　タイルの断面の例（裏足形状）

写真4·3·14　タイル剥落発生状況例

タイル仕上げの不具合には浮き・ひび割れ・エフロ・剥落などがある．その中でも，外装タイルの剥落は時に人命を損なうなど社会的影響が大きく，これを防止することは重要である．写真4・3・14はタイル張り壁面が剥落した例である．この事例では通行人等に被害がなかったが，万が一，第三者災害を起こすと建築生産者のみならず，建築物の所有者も責任を問われることとなる．タイルの剥落を防止するためには，タイル仕上げを構成する各材料の性質を理解した上で，下地躯体を含めた総合的な施工管理を行うことが必要である．

タイルの剥離・剥落を防止するために，施工段階で可能な管理として下記が挙げられる．
・ドライアウト（下地の吸水や乾燥が速すぎて，

表4・3・15　タイル張り工法の種類と選定

工法	注意点・特徴	小口平二丁掛	50二丁50角
□圧着張り □モザイクタイル張り	□使用は望ましくない． ・下地側に張付けモルタルを塗り，タイルを押し付ける． ・裏足に隙間ができる． ・強度のばらつきが大きい．	×^{注)}	△
□密着張り	□一発目地仕上げは禁止． ・下地側に張付けモルタルを塗り，タイルを押し付けビブラートをかける． ・圧着に比べ強度のばらつきが少ない．	○	—
□改良圧着張り	□張付けモルタルのオープンタイムの管理が重要． ・下地側とタイル側両方に，張付けモルタルを塗る． ・タイル裏足に十分モルタルが充填される． ・50二丁以下のタイルは，張付け時にダレやすい．	○	—
□マスク張り（KM工法）	□叩き込み不足に注意． ・タイル側に張付けモルタルを塗り，下地側に押し付ける． ・直張りの場合は，下地の不陸が表面精度に影響する． ・タイル裏足に十分モルタルが充填され強度のばらつきが少ない．	—	○

凡例) ○：適　△：要検討　×：不適　—：なし
注) やむをえず施工する場合は，裏足への充填度を確認する．

（出典：社団法人建設業協会施工部会タイル工事専門部会『はじめてのタイル＆左官工事管理』1977）

結晶水が得られずモルタルが硬化しないこと）防止のため，施工前に水湿しまたは吸水調整剤を塗布する（図4·3·74）.

・オープンタイム（張付けモルタルの塗置時間，練置き時間の限度）を超過しないようにする.

・コンクリートの下地表面処理は，超高圧洗浄（写真4·3·15）またはMCR工法（写真4·3·16）を確実に行う.

・タイルの膨張収縮を吸収するために，伸縮調整目地を設ける．伸縮調整目地とは左官モルタルを含む仕上げ層の構造的変形や日射による温度変化などによる伸縮を吸収するための目地である．これは，躯体コンクリートのひび割れ誘発目地の位置に一致させ，決して1枚のタイルがこの上をまたがないように管理する.

④施工当日検査

実際に裏足までモルタルが充填されているかを調べるため，タイル張り直後に数枚剥いで確認する（図4·3·75）.

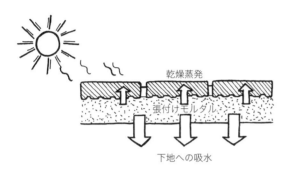

十分な水湿し，吸水調整材の適正使用

図4·3·74　貼付けモルタルのドライアウト

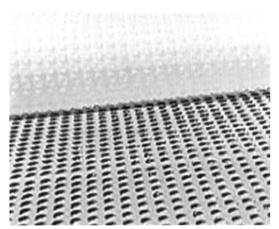

写真4·3·16　MCR工法による下地処理

写真4·3·15　超高圧洗浄による下地処理

○ 良い例

× 悪い例

図4·3·75　タイル裏面への充填性確認
（出典：全国タイル業協会『外壁タイル張り―設計上の配慮事項, 施工管理上の注意事項』1999）

⑤硬化後検査

・打診検査：屋外のタイル張りおよび屋内の吹抜け部分などのタイル張りは，モルタルの硬化後材齢4週を標準として，全面目視および打診検査を行う．

・接着力試験：屋外のタイル張りおよび屋内の吹抜け部分などのタイル張りは，監理者の立会いを受けて接着力試験を行う．

3）塗装工事

塗装は，タイル張り同様，建築物の仕上げの最終工程で，RC躯体の防錆のほか美粧の機能が重要である．建物引渡しに近い時期での施工となるため，後期的に余裕がないと気温や湿度などの悪条件下での作業となり不具合が発生しやすくなるので，注意が必要である．特に，コンクリート・モルタル下地の乾燥が不十分な場合，塗装直後の仕上がり状態は良好でも，後日になって，膨れ・ひび割れ・剥離・もどり現象など塗膜に重大な不具合が発生する．吹付けの施工上の留意点を図4・3・76に一括して示す．

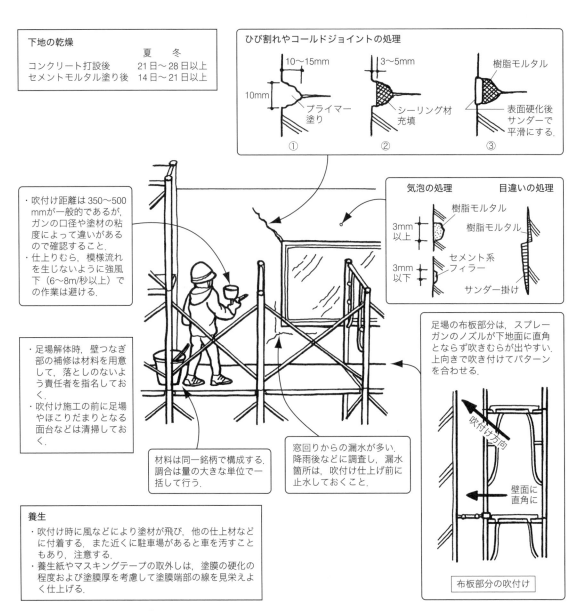

図4・3・76　吹付けの施工上の留意点

①下地調整

　吹付けでは下地ごしらえの程度および表面の状態の良否が見栄え，耐久性などに大きく影響する．コンクリート面の不陸，型枠の目違い，気泡の大きさによる下地調整の程度は現場壁面で見本付記を行い，監理者の確認を受けて下地調整など程度を決めておく．

②コンクリート・モルタル下地の検査

　下地は，材齢による乾燥期間を確保する．材齢の確保が困難な場合は，pH・乾燥度を確認し，必要により記録する．コンクリート，モルタルの乾燥度は，高周波表面水分計等で含水率を測定する．

③シーリング工事

　シーリング工事とは，例えば複数のパネルで壁面を構成するとき，パネルとパネルの間に，変形能力の高い高弾性の樹脂を詰めて，隙間を埋めて防水性能を確保する工事のことである．

　鉄筋コンクリートの壁面では，各種目地や壁面に構築するサッシ回りなどにシーリング工事を施す．コンクリートパネルを接合するときのシーリングによる防水工法の例を図4・3・77に示す．この工法では，1次防水としてシーリング，2次防水としてガスケットを用いている．

　シーリングジョイントは，ムーブメント（目地部の開閉）の有無によりワーキングジョイントとノンワーキングジョイントに大別できる．ワーキングジョイントの場合は，2面接着とし，目地底が所定の深さより深い場合はバックアップ材を，目地底が所定の目地深さと同程度の場合はボンドブレーカーを使用する．ノンワーキングジョイントの場合はムーブメントがほとんど生じないので，ムーブメントに対する追従性よりも接着を確保す

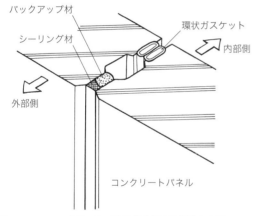

図4・3・77　コンクリートパネル接合部の目地防水の例
（出典：日本建築学会『構造用教材』2011）

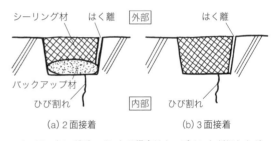

（a）2面接着　　　　（b）3面接着

ノンワーキングジョイントの場合はムーブメントがほとんど生じないので，ムーブメントに対する追従性よりも接着を確保することを重視して3面接着とする（目地底に水が浸入すると水みちになるので，バックアップ材やボンドブレーカーは使用しない）．

図4・3・78　2面接着と3面接着の違い

ることを重視して3面接着とする（図4・3・78）.

シーリング材の種類は，シリコーン系，変成シリコーン系，ポリサルファイド系，ポリウレタン系，アクリル系（アクリル系を除き2成分形と1成分形）がある.

シーリング材充填工事においては，目地周辺の汚れの防止および目地ぎわを通りよく仕上るためにマスキングテープを使用する（図4・3・79）. マスキングテープは，シーリング材が硬化してから除去すると，目地ぎわがちぎれてしまうので，へら仕上げ後，直ちに除去する.

2 内装仕上げ工事（外壁における室内側および内壁）

1) ボード張り

せっこうボードは，遮音性・断熱性があり，施工も容易であるため，広く表面仕上げ材の下地として採用されているが，吸水率が大きく吸水すると強度が著しく低下するので注意が必要である.

コンクリート壁面へのせっこうボード張りの工法は，通常GL工法が一般的である. GL工法とは，せっこう系接着剤（GLボンド）を一定のピッチに団子状に塗り付け，壁とある程度の間隔を取ってせっこうボードを直接圧着する工法である（図4・3・80，4・3・81）.

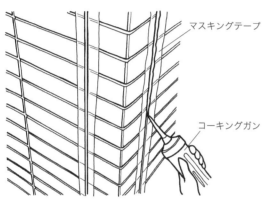

図4・3・79　マスキングテープとシーリング充填

図4・3・80　GLボンドの塗付け

図4・3・81　せっこうボードの張付け

ペイント仕上げや薄いクロスで仕上げなど，平滑な仕上げを必要とする場合，テーパーボードを用いてボード間の継目処理を堅固に行った壁（せっこうボードドライウォール）とする（図4・3・82）．

2）クロス張り

クロスは，内装材としては最後の仕上げ材となり，建物の出来栄えに大きく影響してくるので，丁寧な施工が必要である．また，内装制限を受ける場所ではその防火性能（不燃，準不燃，難燃など）は下地材の防火性能との組合せにより異なるので注意を要する．クロス張り工事の留意点を図4・3・83に示した．

3）断熱工事

建築物を断熱するのは，結露防止，省エネルギーおよび居住性向上の3つの理由による．特に，結露の問題はしみ，かびなどの不具合の発生原因となり十分な検討が必要である．

結露には，表面結露（室内の湿り空気が飽和温度以下の壁や天井などに触れたとき，水蒸気が水滴に変わり付着する現象）と内部結露（多層壁の材料内部で結露する場合で，透過湿流の水蒸気圧が飽和水蒸気圧より高くなると結露する現象）がある．

断熱工法には，打込み工法（断熱材をコンクリートと同時に打ち込む工法），張付け工法（断熱材を接着剤・ボルト・釘などにより下地に取り付ける工法）および吹付け現場発泡ウレタン工法（現場発泡ウレタンを下地面に吹き付ける工法）がある．

吹付け現場発泡ウレタン工法の品質管理では，発泡ウレタンの吹付け厚さを確認することが最も重要である．その方法は，硬化を見計らい，厚さ確認用ピン（画鋲のようなもので，その針の長さで断熱材の厚さを確認）などで検査する．

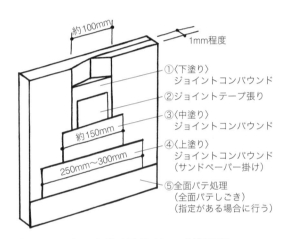

図4・3・82　せっこうボードドライウォール継目処理

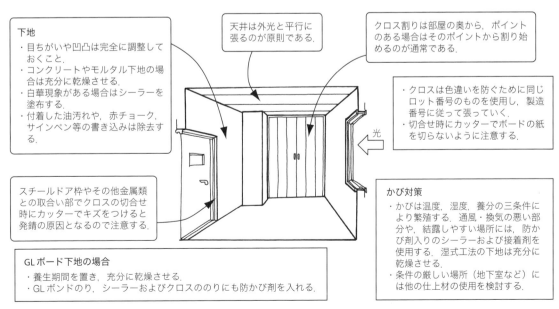

図4・3・83　クロス張りの留意点

4·4 鉄骨造建築物の施工管理

4·4·1 工事の全体フロー

　図4·4·1に，鉄骨造建築物の施工の大まかなフローを示す．当然のことながらこの図に示されていない発注者や工事監理者も工事の品質検査等に関わる．鉄骨造建築物の施工では，この図に示す鉄骨製作業者（協力会社）が重要な位置を占める．鉄骨製作業者は，通称鉄骨ファブ（鉄骨製造ファブリケータ）と呼ばれ，鉄骨の製作要領，加工図を作成し，施工管理者，工事監理者の承認を得て，実際に鉄骨部材を製作する．鉄骨製作工場で加

工・製作された部材は工事現場に搬入され，施工者が現場でこれを組み立てる手順となる．すなわち，建築物を構成する鉄骨部材の品質は工場で定まることとなる．

　なお，鉄骨工事では，鉄骨部材の製作に日数を要するため，施工管理者は可能な範囲で早く発注し，製作の期間を利用して準備工事を行い，鉄骨の納入に併せて，鉄骨の組み立てが開始できるように工程計画を立てることが重要である．

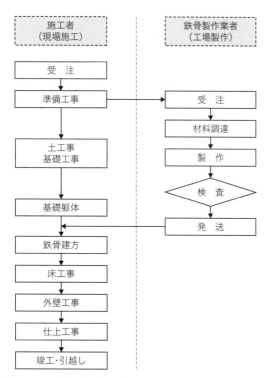

図4·4·1　鉄骨工事に係わる施工業務のフロー

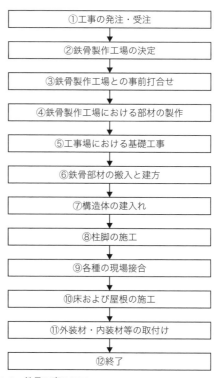

図4·4·2　鉄骨工事のフロー

表4·4·1　鉄骨製作工場のグレード区分

適用範囲の項目	J	R	M	H	S
鋼材の強度	400N級	490N級まで	490N級まで	520N級まで	すべて
板厚	16mm以下	25mm以下	40mm以下	60mm以下	制限なし
建物の高さ	13m以下	20m以下	制限なし		
建物の延べ面積	500m²以内	3000m²以内	制限なし		

4・4・2 躯体工事

構造体となる鉄骨工事と関連工事の流れは図4・4・2に示すとおりである．以下，鉄骨製作工場での鉄骨部材の製作と工事現場での作業に分けて説明する．

1 鉄骨製作工場における部材の製作

施工者はまず，鉄骨製作工場の選定を行う．**鉄骨工場は，国土交通大臣の認定制度により，小さい工場から順にJ，R，M，H，Sのグレードに区分されている**（表4・4・1）．グレード区分によって，その工場が鉄骨部材を製作できる建築物の規模や取り扱う鉄骨の種類が定められているので，施工者は生産する建築物の規模などを勘案して工場を選定することとなる．

図4・4・3には工場における鉄骨部材の製作の流れを示す．工場では自主検査の仕組みが構築されており，主要な検査では施工管理者や工事監理者も工場に出向き検査に立ち会うことが必要である．

一般に部材加工図は，構造設計図に基づいて鉄骨製作工場が作成する．これは鉄骨部材製作の基本となるので，柱や梁の断面や取り合いなどを入念に確認する．また原寸検査によって，鉄骨部材作製に先立って，施工管理者と鉄骨製作工場が集まり，部材の詳細に関して詰めを行うこともある．

部材加工図が完成した後，鉄骨部材を切断し組立て作業に入る．鉄骨造に使用される鉄骨の形状について代表的な形状を図4・4・4に示す．これらは，柱，梁，間仕柱および胴縁などに使用される鉄骨である．

梁はH型断面材が多用される．柱には箱形断面材，H型断面材および円形断面材などが用いられることが多い．壁を取り付けるための胴縁にはリップ溝型鋼などが用いられる．鉄骨造建築物の

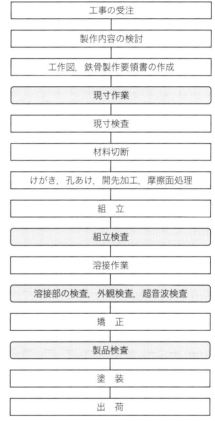

図4・4・3 鉄骨製作工場における部材製造の流れ

工事の受注
製作内容の検討
工作図，鉄骨製作要領書の作成
現寸作業
現寸検査
材料切断
けがき，孔あけ，開先加工，摩擦面処理
組立
組立検査
溶接作業
溶接部の検査，外観検査，超音波検査
矯正
製品検査
塗装
出荷

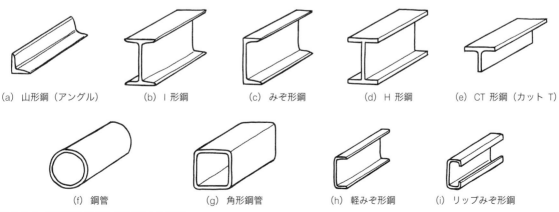

(a) 山形鋼（アングル）　(b) I形鋼　(c) みぞ形鋼　(d) H形鋼　(e) CT形鋼（カットT）

(f) 鋼管　(g) 角形鋼管　(h) 軽みぞ形鋼　(i) リップみぞ形鋼

図4・4・4 鉄骨材料の種類（形状による分類）

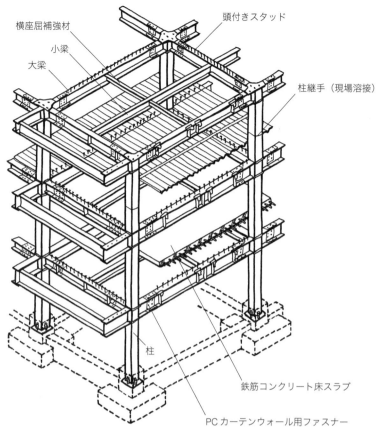

横座屈補強材
小梁
大梁
頭付きスタッド
柱継手（現場溶接）
柱
鉄筋コンクリート床スラブ
PC カーテンウォール用ファスナー

図 4・4・5　鉄骨を用いた構造躯体の例

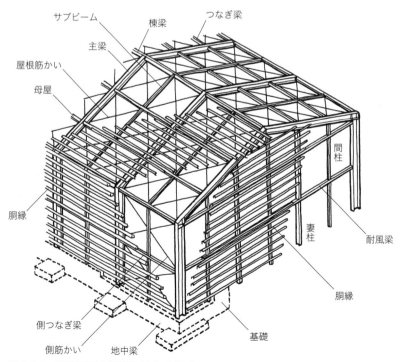

サブビーム
棟梁
つなぎ梁
主梁
屋根筋かい
母屋
間柱
胴縁
妻柱
耐風梁
胴縁
側つなぎ梁
側筋かい
地中梁
基礎

図 4・4・6　非構造部材の使用例（出典:『建築技術 No.704』建築技術，2008)

イメージを高めるために，図4・4・5に構造体の例，図4・4・6に壁面の非構造部材下地骨組みの例を示す．また鉄骨の材質としては，従来，SS材と呼ばれる一般構造用圧延鋼材やSM材と呼ばれる溶接構造用圧延鋼材が用いられていたが，1994年に建築構造用圧延鋼材としてSN規格が制定され，現在ではSN材が用いられている．

材料の切断後に，けがき，孔あけ，溶接部の開先加工および高力ボルト接合の摩擦面処理などを施して，部材を組み立てる．さらに組立検査を行い，溶接および溶接部の検査を実施する．溶接部に欠陥があると，建築物には大きな欠陥が生じていることになるため，外観検査に併せて，超音波による探傷試験も実施される．施工管理者や工事監理者はこのような検査に立ち会い，安全性を確認しておくことが重要である．

最終的に必要箇所に塗装を施して出荷することとなる．

② 工事現場での鉄骨の組立て

1）部材の接合

建築物の基礎工事が終了すると鉄骨の組み立てが開始される．現場で構造体となる鉄骨部材を組み上げることを「建方」と言う．

構造体の柱脚は工事現場で施工された鉄筋コンクリート造の基礎に埋め込まれたアンカーボルトを用いて柱脚のベースプレートを定着する．この工法としては図4・4・7に示すよう30～50mm程度の厚みの無収縮モルタルを用いて施工するのが一般的である．柱脚の施工では，まず，アンカーボルトの位置や高さを最終確認し，付着物の清掃等を適確に行う．次いで，ベースプレートを支持するためのモルタルを施工するが，通常は後詰め中心塗り工法が採用されることが多い（図4・4・7(a)）．この工法では，ベースプレートの中心を部分的に支える「まんじゅう」と呼ばれる先詰めモルタルを正確なレベルで施工し，柱脚の高さを確保する．

なお，柱脚の形式は図4・4・8に示すように3つがある．

①露出形式
②根巻き形式
③埋込み形式

露出形式が最も一般的に使用されており，埋込

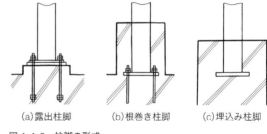

(a)露出柱脚　　(b)根巻き柱脚　　(c)埋込み柱脚

図4・4・8　柱脚の形式

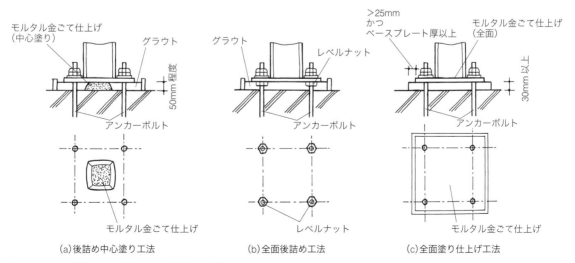

(a)後詰め中心塗り工法　　(b)全面後詰め工法　　(c)全面塗り仕上げ工法

図4・4・7　ベースプレート下面のモルタル施工の方法

形式ではコンクリートの打込み方法や補強筋など
を十分に計画することが必要である．根巻形式は
工場や倉庫などに用いられることが多い．

　柱脚の設置後，順次，各種鉄骨部材が工事現場
に搬入され，クレーンを使用して建方が進められ
る．

　計画された範囲の建方が終了した後に，柱の垂
直度を確保し，梁部材の水平度を調整するための
建入れ直しが行われる．建入れ直しにはワイヤー
ロープやターンバックルを用いて行う．柱・梁の

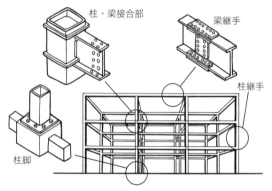

図 4・4・9　ブラケット方式による柱・梁仕口の施工方法の例

図 4・4・10　梁との接合のための仕口を付けた柱の施工

垂直・水平度が各継手の仮ボルトを締め上げ構造
体を強固にする．

　建入れ直しが完了した後に，すべての柱脚で，
ベースプレート下にベースモルタルとなる無収縮
モルタルを完全に充填する．このモルタルが硬化
し所定の強度に達した段階で，アンカーボルトの
ナットを，永年にわたって緩まないように完全に
締め付ける．

　建方のときの現場接合は高力ボルトを用いるこ
とが一般的である．2つの部材を角度を持たせて
接合することを仕口と言い，長手方向に接合する
ことを継手と言う．

　接合部の形式は大きく分けて，ブラケット方式
と現場溶接方式がある．現場での溶接作業は気象
条件の影響を受け，溶接が困難な姿勢での作業も
生じ，品質や施工の管理が難しいため，前者の方
法が一般に採用される．

　例えば，柱・梁の建方では，工場で所定の長さ
の柱と梁を接合してしまうと運搬ができなくなる
ので，図 4・4・9 のブラケット方式に示すように，
あらかじめ柱に梁を接合するための仕口を作製し，
現場では梁をこの仕口に接合する．これは柱にブ
ラケットを工場で溶接し，現場で梁を高力ボルト

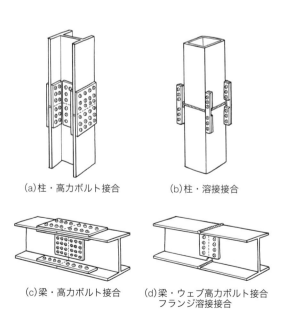

(a)柱・高力ボルト接合　　　(b)柱・溶接接合

(c)梁・高力ボルト接合　　(d)梁・ウェブ高力ボルト接合
　　　　　　　　　　　　　フランジ溶接接合

図 4・4・11　柱・梁継手の施工方法の例

摩擦接合する形式であり，現場での溶接が不要であるために多く用いられている．図4・4・10に梁との接合のための仕口を付けた柱の施工の様子を示す．

　継手に関しては，柱や梁の継手の例を図4・4・11に示す．また，図4・4・12には技能工が柱仕口と梁の接合を行っている様子を示す．高力ボルトは，部材どうしの摩擦力で接合を行うものであり，部材間に一定の圧力を作用させることが重要である．

所定の締付けが得られるように，トルシア型の高力ボルト（図4・4・13）を用いたり，マーキング（図4・4・14）を用いて，締付け具合の品質管理を行う．

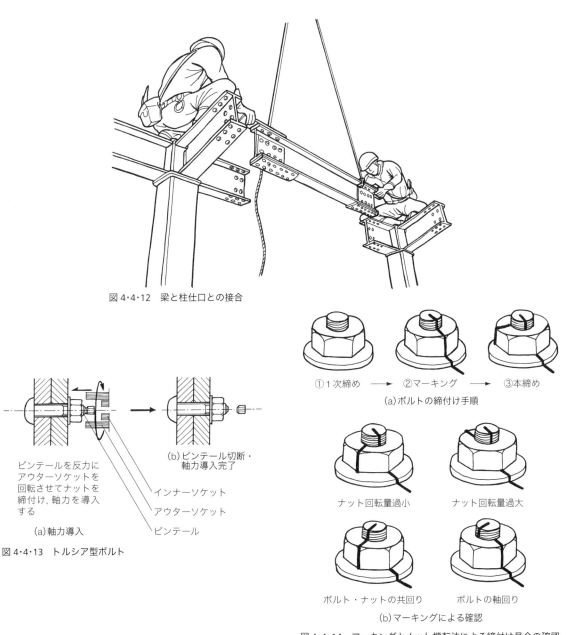

図4・4・12　梁と柱仕口との接合

ピンテールを反力に
アウターソケットを
回転させてナットを
締付け，軸力を導入
する

(b) ピンテール切断・
　　軸力導入完了

インナーソケット
アウターソケット
ピンテール

(a) 軸力導入

図4・4・13　トルシア型ボルト

①1次締め　→　②マーキング　→　③本締め
(a) ボルトの締付け手順

ナット回転量過小　　　　ナット回転量過大

ボルト・ナットの共回り　　ボルトの軸回り
(b) マーキングによる確認

図4・4・14　マーキングとナット機転法による締付け具合の確認

2）建方方式の分類

　表4・4・2に鉄骨躯体の代表的な建方方式を示す．同図に示すように，鉄骨躯体の施工では，下から上に施工していく積上げ方式，建築平面を区画し順次部分的に最上階まで施工する建逃げ方式が一般に行われる．敷地の状況によっては一旦別の場所で躯体を構築し，横方向に移動させて所定の位置に躯体を構築する横引き方式などもあり，建方方式の計画の決定は鉄骨工事の施工管理者の最もやりがいのある仕事の1つと言える．

　鉄骨造建築物の施工においては，図4・4・15に示すように，建方においても仕上げ等の工事においても仮設の重機として大型のクレーンを用いることが多く，クレーンの配置計画や安全計画は極めて重要な施工管理業務である．

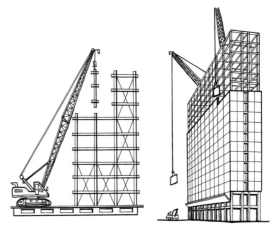

図4・4・15　大型クレーンを用いた鉄骨造建築物の施工

表4・4・2　代表的な建方方式

建方方法	構造形式	建方機械	敷地条件	工程	安全
積上げ	鉄骨ラーメン SRC造	定置式クレーン 移動式クレーン	クレーン設置 荷取場所必要	全体の工期の短縮が図れる	骨組の安定性が確保できる
建逃げ	同上	移動式クレーン	狭い場所可	建方がクリティカル	自立性に限界がある
輪切り建て	鉄骨ブレース	移動式クレーン	荷取，荷捌場所必要	後続工事の後追い可	転倒防止の対策は講じやすい
仮支柱支持	大スパン	移動式クレーン	建物内部で処理	ジャッキダウンの方法が工程を左右する	仮支柱の転倒防止対策が必要
横引き	大スパン	移動式クレーン 油圧ジャッキなど	地組場所が必要	塗装・屋根・外壁・設備先行可	建方は安定 移動時の検討
吊上げ 押上げ	大スパン	移動式クレーン 油圧ジャッキなど	地組場所が必要	塗装・屋根・外壁・設備先行可	建方は安定 移動時の検討

（出典：『建築技術 No.704』建築技術，2008）

3）躯体の耐火被覆

　火災時に鉄骨部材が加熱され高温になると，鉄骨の強度が急激に低下し，構造躯体の耐力が低下する．そのため，耐火性能が求められる建築物の鉄骨部材には火災時の温度上昇を防止するための耐火被覆が施工される．耐火被覆の方法としては大きく下記の4種類がある．

　①鉄骨に耐火被覆を吹付ける

　②鉄骨を成形板で覆う

　③耐火材料を巻付ける

　④耐火塗料などの発泡系材料で表面を被覆する

　図4·4·16に代表的な耐火被覆の方法を示した．

　鉄骨造建築物の躯体工事において施工管理段階で特に品質管理を重点的に行う項目を表4·4·3に整理した．

表4·4·3　施工管理における主要なチェック項目

受入検査	部材の寸法
	接合部の加工（継手·仕口）
	ボルト孔
	ダクトスリーブの位置·大きさ·周辺補強
	施工用ピースの設置（吊り用，建て直し用，安全ネット掛け用フックなど）
	溶接部の一体性
	塗装
建方準備	現場状況の把握
	部材の重量·大きさの確認
	重機·人員の配置
	足場の配置
	安全確保
	天候の確認（特に強風）
建方	クレーンの設置状況，能力
	柱の倒れ
	部材のレベル·部材の湾曲
	現場溶接部の検査
	ボルト締めの検査（本締）
	耐火被覆の設置状況（方法，厚さ等）の検査

柱　　梁
吹付けロックウール，
耐火塗料吹付け

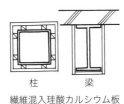

柱　　梁
繊維混入珪酸カルシウム板
張付け

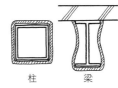

柱　　梁
ブランケット巻付け

（a）耐火被覆工法の例

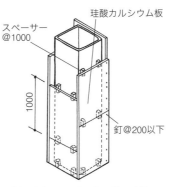

（b）珪酸カルシウム板の施工方法

図4·4·16　代表的な耐火被覆の方法

4·4·3　代表的な鉄骨造の床構法

　鉄骨造建築物の代表的な床の種類を図4·4·17に示す．この図のうち，デッキプレートの種類とその形状を図4·4·18に示す．PCa板としては，ALCパネル（軽量気泡コンクリート）やECP（押出し成型パネル）が用いられる．デッキプレートもPCa板も床スラブの構造によって，使用できるものとできないものがあるので，設計に応じて適切に選定することが重要である．デッキプレート張りやPCa板張りは，床の鉛直荷重を梁へ伝達するだけの働きを持ち，比較的小規模の建築物に用いられる．

　また，図4·4·19に示すようにデッキプレートやPCa板の上に鉄筋コンクリートを現場施工して合成床を構築することも多い．合成床，PCa板合成床および鉄筋コンクリート床は，床スラブが柱，梁などの構造部材と一体化することにより剛床として構築するものであり，鉛直荷重や水平荷重を構造体に伝達して外力に抵抗する．

　また，図4·4·20に示すように鉄筋コンクリート造の床を構築することもある．この場合，施工の合理化をはかるため，先の図4·4·17に示したフラットデッキをコンクリート用の型枠として用い，そのまま建築物の一部として残してしまう構法もある（打込み型枠構法と言う）．

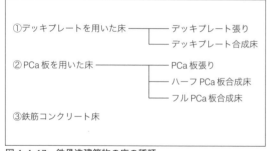

① デッキプレートを用いた床 ── デッキプレート張り
　　　　　　　　　　　　　　└─ デッキプレート合成床

② PCa板を用いた床 ──── PCa板張り
　　　　　　　　　├── ハーフPCa板合成床
　　　　　　　　　└── フルPCa板合成床

③ 鉄筋コンクリート床

図4·4·17　鉄骨造建築物の床の種類

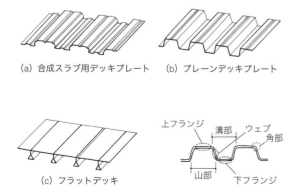

（a）合成スラブ用デッキプレート　　（b）プレーンデッキプレート

（c）フラットデッキ

上フランジ　溝部　ウェブ　角部
山部　　下フランジ

図4·4·18　デッキプレートの種類

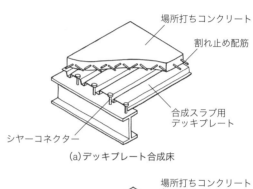

場所打ちコンクリート
割れ止め配筋
合成スラブ用デッキプレート
シヤーコネクター

（a）デッキプレート合成床

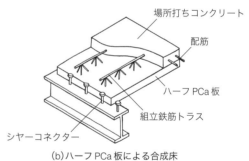

場所打ちコンクリート
配筋
ハーフPCa板
組立鉄筋トラス
シヤーコネクター

（b）ハーフPCa板による合成床

図4·4·19　合成床

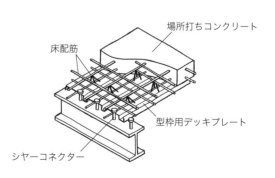

場所打ちコンクリート
床配筋
型枠用デッキプレート
シヤーコネクター

図4·4·20　フラットデッキを用いたRC床

4・4・4　代表的な鉄骨造の壁構法

鉄骨造の壁工事は，外壁と内壁によってその仕様が大きく異なる．**外壁は地震や風荷重による振動追従性と防水の処理が極めて重要である**．

一方，内壁に関しては，鉄骨造は事務所建築や宿泊施設に用いられることが多いため，内壁は間仕切りとしての機能が重要で，間取りの変更等にも応じることが求められる．

鉄骨造建築物の壁はカーテンウォールに代表されるように，工場で製造した各種パネルを躯体に取り付ける方法で構築される．取り付けるパネル

としては，PCa板，ALC板，押出成型セメント板（以下，ECPと記す），ガラスおよび金属パネル（主にアルミパネル）がある．鉄骨造骨組みはいわゆる柔構造であり，地震や風荷重によって大きく変形する．もしこれらのパネルが鉄骨骨組みに剛接されていると，骨組みが変形したときにパネルがはらんで割れてしまう．したがって，これらのパネルはロッキング構法やスライド（スウェイ）構法で取り付け，壁面全体として変形に追従できるように設置する．図4・4・21にALC板の取付け構法，図4・4・22にECPの取付け工法を示す．大まかにはパネルが吊り下げられていることをイメージす

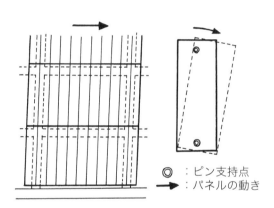

（a）ALC 縦型ロッキング構法

◎：ピン支持点
→：パネルの動き

（b）ALC 横壁アンカー構法

図4・4・21　ALC パネルによる壁構法

構法	縦張り構法	横張り構法
	パネル四隅の取付金物にて支持部材に取り付け，躯体の層間変形に対し，ロッキングにより追随させる構法	パネル四隅の取付金物にて支持部材に取り付け，躯体の層間変形に対し，スライドすることにより追随させる構法
荷重受け	各段ごとに荷重受け部材が必要	パネル2〜3段ごとに荷重受け部材が必要

図4・4・22　ECP による壁構法

れば変形に追従する様子がつかめる．パネルの間は先の図4・3・77（p.113）に示したようにシーリングやガスケットで水密性や気密性を確保することとなる．

図4・4・23には壁面工事の一例として，ECP縦張り構法によるパネルの納まりを示した．パネルの取付け部（図中，ブラケットとファスナー）で

は，ボルト孔をボルト径よりも大きなルーズホールとして，ボルトがこのルーズホール範囲で動けるように取り付けられている．結果的にECPはこのルーズホール内の動きの分だけ鉄骨から縁が切れている．図4・4・24にはカーテンウォールの取付け部を拡大した．この図から鉄骨とパネルとの取付け方法が理解できるだろう．

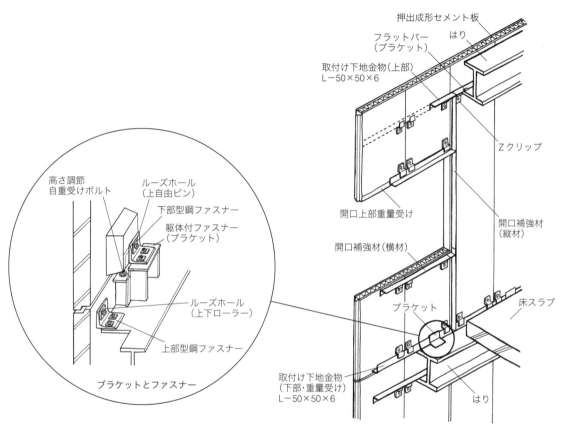

図4・4・23　ECP縦張り構法によるパネルの取付け

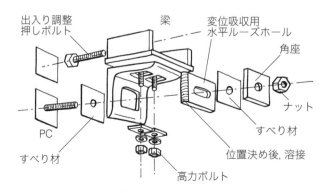

図4・4・24　カーテンウォールにおけるパネル取付け部

126

内外装工事

4・5・1 防水工事

防水工事は居住空間への雨水（雪解け水等を含む）の侵入を防ぐという建築物の「当たり前性能」を確保するための重要な工事である．一旦，漏水が発生すると，漏水の起点箇所の特定が困難で大がかりな調査や補修工事が必要となる．また，常に外気環境と接する部位であるため経年劣化が進行しやすく，工法の選定や工事は特に入念に行う必要がある．工事の途中で水を張って，防水工事の品質チェックを行うこともある．

表4・5・1に防水工法の種類を示す．**メンブレン防水工法は外気に接する建築部材を不透水性の連続膜で覆って水の浸入を防止する工法であり，ほ**とんどの建築物に採用される．また，**シーリング防水工法は，例えばパネル同士を付き合わせる際にできる隙間に不透水性の材料を詰めて隙間から**水の浸入を防ぐ工法であり，これもほとんどの建築物の施工にはなくてはならない工事である．透水低減工法は外気と接する部材の構成材料，例えばコンクリートやモルタル自身の透水抵抗を高める方法であるが，材料の調合や施工が難しいため採用される頻度は少ない．

① メンブレン防水工法

屋根スラブの防水工法として汎用されるメンブレン防水工法の代表的防水層を表4・5・2に示す．

1) アスファルト防水

アスファルト防水工法は，図4・5・1に示すようにルーフィング（アスファルトシート）を溶融したアスファルトで密着していく工法である．図4・5・2に示すように，ルーフィングの継ぎ目から水が浸入しないように**屋根スラブの水勾配の水下から水上に向かってルーフィングを重ねながら複数の防水膜を形成する．**防水層が厚くなり，継ぎ目のないメンブレン層が形成できるが，作業工程が多く，完成までには手間がかかる．またアスファルト溶融には火気を使用し，煙や臭いを発する

表4・5・1 防水工法の種類

工法	防水の方法
メンブレン防水工法	建築材料・部材の外気側を不透水性の連続膜で覆って，部材内部に水が浸入しないようにする．
シーリング防水	部材の突合せ部などの隙間に不透水性の材料を詰めて，隙間から水が浸入しないようにする．
透水低減工法	部材に使用する材料，例えばモルタルやコンクリートそのものの透水抵抗を高めて，内部に水が浸入しないようにする．

表4・5・2 代表的なメンブレン防水工法のイメージ

材料	工法名	広報の概要
高分子材料系防水層	防水層 アスファルト	ルーフィングをアスファルトで幾層にも密着しながら不透水性の連続膜を構築する
	基本構成	アスファルト／ルーフィング／プライマー
	シート防水層	合成ゴム，プラスチック系のシートを接着剤や金物類で固定し，防水層を構築する
	基本構成	防水シート／接着剤／プライマー
	塗膜防水層	液状の合成ゴム，プラスチックを塗布して硬化させ，防水膜を構築する
	基本構成	塗膜防水層／プライマー
防水層 金属材料系	ステンレスシート防水層	薄く成形したステンレスシートを敷き，接合部を溶接によって一体化して防水膜を構築する

図4・5・1 アスファルト防水工法の施工

（プライマー，アスファルトルーフィング，溶融アスファルト）

ため，近隣環境への配慮が必要である．

　図4・5・3は，アスファルト防水工法の合理化のために改良された改質アスファルト防水工法である．これは，予め裏面にアスファルトを付着させた厚手のアスファルトシートを用い，バーナーでアスファルト部分を溶かしながら密着させていく工法であり，トーチ工法とも呼ばれる．

　図4・5・4はパラペットの立上がり部の工法を示したもので，同図に示すように，防水工事はパラ

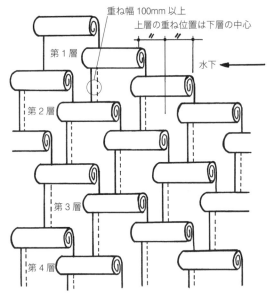

図4・5・2　アスファルトルーフィングの重ね方

（図中ラベル）
重ね幅100mm以上
上層の重ね位置は下層の中心
第1層
第2層
第3層
第4層
水下

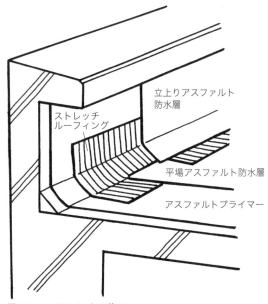

図4・5・4　パラペットの施工

（図中ラベル）
立上りアスファルト防水層
ストレッチルーフィング
平場アスファルト防水層
アスファルトプライマー

ペットの上部まできちんと施工し，ムーブメントの大きい箇所はストレッチルーフィングを用いて動きに追従できるような材料の選択をしなければならない．

　4・3節で示した図4・3・63（p.105）はアスファルト防水工法による代表的な納まりを示したものであり，屋上歩行ができるように防水層の上にコンクリートブロックを敷いた「アスファルト防水層（コンクリートブロック）押え工法」の例である．

2）シート防水

　シート防水とは，前項の表4・5・2に示したように合成ゴム系あるいは合成樹脂系（プラスチック系）のシートを接着剤で張り付けるか，シートを金物類で固定して防水層をつくる工法である． 一般に下地のひび割れをカバーでき，軽微な歩行も可能である．一例として，接着剤によるシート防水層露出工法の納まりを図4・5・5に示す．プライマーは下地とシートとの接着性を良くするために

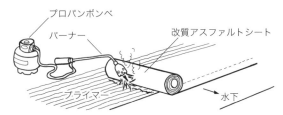

図4・5・3　改質アスファルト工法（トーチ工法）の施工イメージ

（図中ラベル）
プロパンボンベ
バーナー
改質アスファルトシート
プライマー
水下

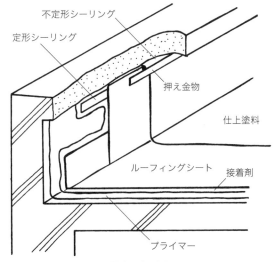

図4・5・5　シート防水層露出工法の例

（図中ラベル）
不定形シーリング
定形シーリング
押え金物
仕上塗料
ルーフィングシート
接着剤
プライマー

塗り，耐候性を高めるためにシートの表面に仕上塗料を塗る．屋根スラブの断熱性を高めて最上階の居住性を高めるために，シートと躯体との間に断熱材を入れるシート防水層断熱工法も最近では増えている．防水シートの材料としては，加硫ゴム系，塩化ビニル樹脂系等があり，材料の変形能力が大きく，下地の動きに対して比較的安定している．ただし，シート同士の接合部が弱点となりがちであり，入念な施工が必要である．火気を使用しない工法であるが，接着剤には溶剤を含むものがあり，施工管理者は作業者の中毒や火災に気をつける必要がある．

4・3節の図4・3・64（p.106）に示したように，シート防水の範疇には薄いステンレスシートを用いるステンレスシート防水工法がある．これは溶接によって接合部を一体化するため耐久性，水密性の高い防水層を構築することができるが，複雑な納まりでは施工が難しい．

3）塗膜防水

ウレタンゴム系，アクリルゴム系，ゴムアスファルト系およびFRP系の材料で塗膜を構築して防水層をつくる．塗布によって防水層をつくるため，自由な形状の屋根に対応できる．図4・5・6に塗膜防水層露出工法の納まりを示すが，同図に示すように，厚みや密実性が一様な防水層をつくるために入念な施工が必要であり，下地との間に補

強布を入れて施工することも多い．

② シーリング防水工法

シーリング防水とは水や空気が流れる隙間をふさいで漏水事故を防ぐための工事である．シーリング工事については，4・3・6項の鉄筋コンクリート工事の壁構法でも示したが，鉄骨造建築物や木質構造建築物においても必要不可欠な工事である．例えば鉄骨造建築物の外壁やカーテンウォール等におけるパネル間の防水，木造住宅におけるサイディング外壁のパネル間の防水にはシーリング工事が不可欠である．シーリング工事は，ペースト状の材料をシーリングガンで隙間に充填し施工後に硬化させて水密性を確保するものと，ゴム状の製品を隙間に設置して圧力をかけて水密性を確保する構法がある．前者に使用する材料を**不定形弾性シーリング材といい，一般にシーリングの厚みを確保するバックアップ材，下地との接着性を高めるプライマー，そしてマスキングテープを用いて施工する．**歯磨きをチューブから押し出して隙間に流し込むイメージであり，品質の高い防水工事を達成するためには熟練が必要である．

シーリング材に要求される性能として「非透水性」，「下地との接着性」，「変形追従性」，「耐候性」が挙げられるが，定期的に補修（シーリングの打ち直し）されることが多い．また，一般に紫外線劣化や汚れが生じやすいため，例えば図4・5・7に

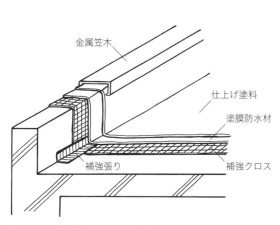

図4・5・6 塗膜防水層露出工法の例

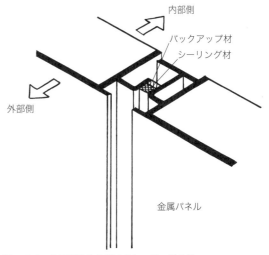

図4・5・7 金属パネル内部でのシーリングの例

示すように，部材断面内でシーリングを施すこともある．

4・5・2 建具工事

建具とは建築物の扉や窓などの開口部において，「開閉の可動部分」と「それを取り付ける枠」の総称である．建具の材質は，アルミニウム製，鋼製，ステンレス製および木製などがあり，設計時にその要求性能から定められる．建築施工においてはまず，建具の枠を壁等に取り付け，扉や窓をこの枠に取り付ける．この一連の工事を建具工事というが，ここではRC壁に設置される一般的な開口窓の工事を例として示す．

開口窓としては，一般にアルミニウム製の建具枠を壁に取り付け，アルミサッシに納められたガラス窓を建具枠のレールに設置する．工事のイメージと手順を図4・5・8および以下に示す．

①コンクリート躯体工事において，RC壁面に建具枠よりも少し大きい開口部をつくり，建具枠を固定するためのアンカーを埋め込んでおく．

②建具枠をくさびやキャンバーで仮固定する．

③墨出し，測量により，建具枠の位置や水平度を確認した上で，建具枠をアンカーに溶接して固定する．

④建具枠とコンクリート壁との隙間に防水剤の入った無収縮モルタルを施工器具で充填する．

⑤モルタルの養生・硬化後，工程計画に従ってサッシに納められたガラス窓を取り付ける．

開口窓を構成するガラスの種類は居住空間の品質に大きく影響するため，建築材料学の分野ではあるが，参考としてガラスの種類と品質・用途を表4・5・3に示す．

なお，扉の施工では，鋼製や木製の建具枠を設置したのちに，建具枠に設置された回転治具に扉に付いている設置治具を上から差し込んで設置する方法が多い．

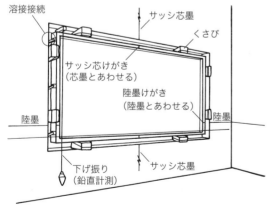

図4・5・8 開口窓の建具工事のイメージ

表4・5・3 汎用される板ガラスの種類

ガラスの種類		特徴
フロート板ガラス (JIS R3202)	網入 線入	①透視性 ②大面積 ③現場カット可
型板ガラス (JIS R3203)	片面磨き 線入 網入	①光拡散・プライバシー ②現場カット可 ③片面に模様
強化ガラス (JIS R3206)	熱線吸収	①透視性 ②防火性 ③破片が鈍角・小粒
合わせガラス (JIS R3205)	網入 線入 熱線吸収	①透視性 ②貫通しにくい ③飛散しにくい・防犯
合わせガラス (JIS R3205)	熱線吸収	ほぼ強化ガラスと同じ
熱線吸収ガラス (JIS R3208)	網入 線入	① Fe，Co，Ni を添加 ②透視性 ③遮熱性
熱線反射板ガラス		①透視性は低め ②遮熱性
複層ガラス	熱線吸収	①透視性 ②遮熱性・防露

4・5・3　部材表層の仕上工事

建築部材の表層部や表層材料は，居住性や建築物の外観に大きく影響する．一般的に建築物に用いられる表層材料は下記の通りである．

内部：クロス，樹脂タイル，内装用タイル，塗材，しっくい，せっこう，木質系ボード

外部：外装用タイル，塗材，金属，パネル，ガラス

ここでは上記のうち，前節までに紹介されなかった左官工事による仕上工事と塗装工事について示す．

1 表層仕上げのための左官工事

「こて」を用いて湿式材料を塗り付ける工事を左官工事という．これは左官工と呼ばれる熟練が必要な技能工がおこなう工事である．我が国では年々，技能工が減ってきており，建築士は技能工なくしては将来の建築生産が成り立たないことを認識しなければならない．一般の建築工事で最も行われる左官工事は 4・3・7 項の RC 外壁の仕上工事で示したような次工程の下地としてのセメントモルタル（左官モルタル）塗りである．

一方，近年，建築主の要望が高まっている珪藻土による内装仕上げのように，建築部材の表層を形成する左官工事もある．ここでは，一般の建築内壁に汎用される石灰系材料やせっこう系材料の左官工事について示す．なお，これらは耐水性が高いとは言えないので，外壁での使用は避けた方が良い．

1) 石灰系材料（しっくい，ドロマイトプラスター）の施工

粉体の消石灰を水と練り混ぜて空気中で養生すると，空気中の二酸化炭素と反応して炭酸カルシウムができ硬化体となる．しっくいはこれを主原料とする気硬性の左官材料である．ドロマイトプラスターはしっくいにマグネシウム成分を加えて粘性を持たせることにより，のりを不要とした左官材料であり，一般の建築物での汎用性が高い．

ドロマイトプラスターを用いた仕上のための左官工事の手順を表 4・5・4 に示す．下塗り，中塗りで砂を入れるのは体積を増やすため，セメントを混入するのは強度発現と接着強度を高めるためである．ドロマイトプラスターは硬化する際に収縮してひび割れが生じやすいため，すさ（引張補強のための繊維）を入れて補強することが必要である．なお，実務ではすさを混入した既調合のドロマイトプラスターが市販されており，施工現場では水を加えるだけで良い材料もある．

2) せっこう系材料（せっこうプラスター）の施工

粉体状の半水せっこうを水と混ぜると硬化体である二水せっこうとなり強度発現する．すなわちせっこうプラスターは水硬性材料である．硬化は早く，その際の収縮がほとんどないためひび割れが生じにくく，防火性があり，仕上がりも真白で美しいため，多くの建築物の内装工事で使われている．ただし，耐水性が小さいため，外部や湿度の高い内部空間では適用を避けるべきである．

せっこうプラスターを用いた仕上のための左官工事の手順は表 4・5・5 の通りである．せっこうプラスターは多くの建築物で用いられるため，現場で水を加えるだけで左官材料となる既調合プラスターが広く用いられており，この表でもこれを用いることを前提として示している．なお，上記工程において下塗り用と上塗り用との違いは，下塗り用には体積を増やすために砂が混入されていることである．せっこうプラスターはせっこうボードの上に塗り付けて大きな一枚の壁面に見せることも多い．

表 4・5・4　ドロマイトプラスターの左官工事手順

工程	工事の内容
①下塗り	ドロマイトプラスターにセメント，砂，すさ，水を混ぜて均一になるまで練り混ぜて，こてにより塗り付け，7 日以上養生する。厚みは 6mm までと規定されている．
②中塗り	下塗りと同じ材料（セメント量は下塗りより減らす）を用いてこてにより塗り付ける．厚みは 7.5mm までと規定されている．
③上塗り	ドロマイトプラスター，すさ，水を練り混ぜて，中塗りが半乾燥のうちに，こてで塗付け，14 日以上養生する。厚みは 1.5mm までと薄く施工される．

表4・5・5 せっこうプラスターによる左官工事の手順

工程	工事の内容
①吸水調整材の塗布	下地がせっこうプラスターの練り混ぜ水を吸収しないように，下地に吸水を防止するための調整材を刷毛やローラーで塗布する．
②下塗り	既調合プラスター（下塗り用）に適量の水を加えて均一になるまで練り混ぜて，6〜8mmの厚さとなるように，こてにより塗り付け，12時間以上養生する．
③中塗り	既調合プラスター（下塗り用）に適量の水を加えて均一になるまで練り混ぜて，5〜7mmの厚さとなるように，こてにより塗り付ける．
④上塗り	中塗りモルタルが硬化しないうちに，既調合プラスター（上塗り用）に適量の水を加えて均一になるまで練り混ぜて，3〜5mmの厚さとなるように，こてにより塗り付ける．

表4・5・6 塗り工法とその略号の例（日本建築学会標準仕様書）

塗り工法	略号	下地
合成樹脂調合ペイント塗り	SOP	鋼材や亜鉛メッキ鋼材などの金属材料に用いられる．
合成樹脂エマルションペイント塗り	EP	コンクリート・ALCパネルなどの無機材料からせっこうボードまで幅広く用いられる．
フタル酸樹脂ワニス塗り	FC	木材，木質系材料に用いられる．

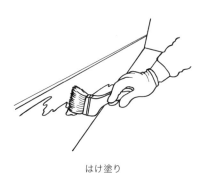
はけ塗り

ローラー塗り

吹付け

図4・5・9 塗装工事に用いる工具

2 塗装工事

建築物の最外表面を覆う塗装工事の主な目的として，①美観の確保，②下地材料の保護が挙げられる．例えば屋外で使用されるウッドデッキを定期的に塗装することは，美観の維持と木質部の腐朽防止・金物の腐食防止に効果的であることは容易に理解できる．

塗装材料は複数のメーカーが多くの種類を製造しており，建築技術者は下地材料や使用環境に応じて適切に材料・工法選定することが必要である．材料・工法の種類は多岐にわたり，名称が長いものや，似たものが多いため，工法を特定するために略号が用いられ，設計図書や施工要領書に示されることが多い．例を表4・5・6に示す．この表の略号を定めた日本建築学会の建築工事標準仕様書（塗装工事）には，塗装工事を行う下地の種類を金属下地，セメント系下地，せっこうボード下地および木質系素地面に分けて，この表以外にも多くの工法が示されている．

塗装工事の大まかな流れは下記の通りである．
①準備工事・下地の処理
②塗り工事（塗装）
③養生

①の準備工事に関しては，鋼材下地では，汚れ・付着物・油類の除去やさび落としが行われ，セメント系下地では，汚れ・付着物・特記類の除去，塗料の吸込み止め，場合によっては平坦・平滑度を高めるためのパテ塗りや研磨を行う．パテ塗りは，下地面のくぼみ，隙間および目違い等の部分を平滑にするためにパテを塗るパテかいと呼ばれる作業が多く行われる．

②の塗り工事の方法としては，一般にはけ塗り，

ローラー塗りまたは吹付けで行われる．使用する工具の例を図4・5・9に示すが，品質の高い塗り工事を行うためにはいずれも熟練が必要な工事である．この塗り工事は，下塗り，中塗りおよび上塗りなど，所要の塗り厚が確保されるように複数回に分けて塗り重ねを行う．

例えば金属材料の下塗りではさび止めペイントを複数回に分けて塗り，中塗り，上塗りを施す．セメント系下地では，塗り厚が厚くなることが多いため，パテ塗りを併用しながら下塗りを行った後に，中塗りや上塗りも複数回に分けて行い，表面の模様出しまで行う．

③の養生は使用した塗料が十分に乾燥して硬化するまで適切に行い，当然のことながら人や物が触れたりしないように場所的な養生も施す．

塗装工事は施工時の外気環境の影響を受けるので，施工管理者は，気温が著しく低い場合や湿度が高い場合には施工の可否も含めて入念な対策を取らなければならない．特に外部の塗装工事は雨天時や強風時には行わないこととする．また塗装工事には溶剤を用いることが多いので，火災や揮発による作業者の健康，近隣への影響などにもきめ細かく注意しなければならない．

■演習問題

1. 仮設工事および共通仮設工事の意味を説明しなさい．
2. 仮設計画で明確にすべき主要な事項を列記しなさい．
3. ベンチマークの役割と重要性を説明しなさい．
4. 着工までに確認すべき敷地状況を列記しなさい．
5. 墨出し作業について説明し，逃げ墨を打つ理由を簡潔に説明しなさい．
6. 枠組み足場において，労働安全衛生規則に規定されている高さや長さを調べなさい．
7. 足場に要求される主要な品質を列記しなさい．
8. 乗入れ構台について説明しなさい．
9. 代表的な揚重機器を示し，それらを使用する際の安全衛生計画の重要性を示しなさい．
10. 近年，クレーンに名前を付ける施工現場を見かけるが，この目的を説明しなさい．
11. 代表的な地盤調査の方法とその目的を整理して示しなさい．
12. 代表的な山留壁の種類とそれぞれの特徴を示しなさい．
13. 代表的な排水工法と，排水工事の役割を説明しなさい．
14. 代表的な地盤改良工事の方法を説明しなさい．
15. 杭の種類に関して，下記の杭の概要を説明しなさい．
    ・支持杭　　・摩擦杭　　・場所打ち杭　　・既製杭
16. 杭施工に関して，アースドリル工法とオールケーシング工法の違いを比較しながら，それぞれの工程を簡潔に説明しなさい．
17. 鉄筋工事において，鉄筋を所定の位置に保持する建設副資材を示しなさい．
18. 鉄筋の受入検査において，鉄筋の材質や径など，鉄筋の種類が間違いないことを確認する方法を示しなさい．
19. 異形棒鋼 SD345 の "345" は，何を意味するか．
20. 建築物・建築部材の品質・性能を確保するために，鉄筋の「かぶり厚さ」を管理しなければならない理由を3つ示しなさい．
21. 鉄筋のかぶり厚さに関し，「建築基準法施行令におけるかぶり厚さ」，「最小かぶり厚さ」および「設計かぶり厚さ」について，それぞれの違いを説明しなさい．

22. 鉄筋工事において，「鉄筋間隔」と「鉄筋のあき」について説明し，建築施工において「鉄筋のあき」を管理する理由を説明しなさい．

23. 鉄筋の継手の種類を示しなさい．

23. 重ね継手において，所定の長さを定める際に考慮しなければならない要因を4つ示しなさい．

24. 圧接継手の検査において，チェックする項目を示しなさい．

25. 鉄筋の定着が必要な理由を示し，定着長さを定める際に考慮しなければならない要因を4つ示しなさい．

26. 構造部材の配筋検査でチェックする項目を示しなさい．

27. 型枠工法の種類を示しなさい．

28. 合板を用いた在来型枠工法において，型枠を構成する材料を示しなさい．

29. 脱型時期を定める際に考慮しなければならない要因を示しなさい．

30. 型枠の品質検査において，チェックすべき項目を示しなさい．

31. レディミクストコンクリートの記号「普通　24　15　20　N」は，どのような仕様のコンクリートを示しているか．

32. コンクリートの受入検査で，通常，実施される試験項目を示しなさい．

33. 町中でよく見かけるトラックアジテータ（生コン車）は，何 m³ のコンクリートを積載できるか？

34. 荷下ししたコンクリートを型枠に打ち込むために必要な機材を示しなさい．

35. コンクリートの「締固め」の目的と方法を説明しなさい．

36. コンクリートの「打重ね」と「打継ぎ」の違いを説明し，それぞれ不具合を生じないにするための施工方法を示しなさい．

37. コンクリート工事において，養生の目的を説明し，保水養生，給水養生の方法を示しなさい．

38. 鉄骨製作工場のグレード区分を示し，その区分により何が異なるのかを説明しなさい．

39. 鉄骨工事における「建方」の意味を説明し，代表的な建方方式を示しなさい．

40. アンカーセット（ベースプレートの据付）の方法について代表的な工法3つ示しなさい．

41. 施工現場における溶接方式とブラケット方式について説明しなさい．

42. 高力ボルトの締付け具合の検査方法について説明しなさい．

43. 構造部材となる鉄骨の耐火性能の確保の方法について説明しなさい．

44. 鉄骨構造の建築物における代表的な床工法を説明しなさい．

45. 鉄骨構造の建築物におけるカーテンウォールの取付け部について説明しなさい．

46. 鉄骨造建築物の施工管理に関し，下記工程における主要なチェック項目を示しなさい．

　　　・受入検査　　　・建方準備　　　・建方

47. メンブレン防水工法の特徴を示し，代表的な工法を列記しなさい．

48. アスファルト防水工法におけるアスファルトルーフィングの重ね方を説明しなさい．

49. 屋上において防水層の変形が大きくなる位置を示し，アスファルト防水工法におけるその位置の補強方法を示しなさい．

50. シーリング工法の概要を示し，シーリング材に要求される品質を説明しなさい．

51. 建築生産における「建具工事」の内容を説明し，RC 壁面における開口窓の工事のフローを説明しなさい．

52. 石灰系材料を用いた左官工事のフローを説明しなさい．

53. せっこうプラスターを用いた左官工事のフローを説明しなさい．

54. 塗装工事の目的を示し，代表的な工法を示しなさい．

55. 塗装工事の施工管理において，工事の特徴として注意すべき点を示しなさい．

5章

維持管理，補修，解体

5・1 維持管理・維持保全

5・1・1 維持管理の重要性

　優良な建築ストックの形成，資源消費量の削減，廃棄物排出量の削減を実現してゆく上で，適切な補修・改修を行い，建築物を長期にわたり使い続けることは重要な課題である．これを達成するためには，建物が簡単に解体されることがないようユーザーの要望を満たすレベルに補修・改修できる環境を整備する必要があり，設計者はユーザーの要望に応じて臨機応変に補修・改修の方法を定めることが極めて重要である．しかし現状ではユーザーの要望を適切に反映できる技術が整っておらず，補修メニューの整備等，ユーザーの目的に応じて補修や改修方法を選択できる基盤が整備されているとは言い難い．

　今後さらに，環境への負荷が少ない補修・改修技術が社会ニーズとして高まっていくことは明らかである．補修・改修工事の際，将来の解体を考慮し，仕上げ材や設備機器等の分別除去の容易性を考慮した設計を心がけるとともに，再資源化や周辺環境に配慮した工法が採用可能であることを重視することが必要である．

　近年，**長寿命化に対応した高耐久性の材料や工法についての研究・開発も進められているところ**

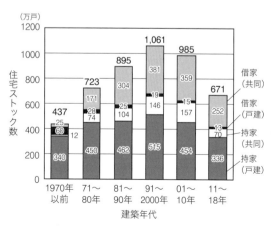

図 5・1・1　建設年代別の住宅ストック数

であるが，これらによって建築物のすべてがメンテナンスフリーになるわけではない．経年劣化や消耗による建築物の性能の低下に対しては適切な対応，つまり「維持保全」を進めていかなれば，事故や災害のリスクが高まるということは言うまでもない．

　「維持保全」は建築物の資産価値の向上あるいは維持させるという点においても非常に重要となってきており，建築ストックが増えてきている現状において中古市場を活性化するためにも，「維持保全」は，真剣に取り組んでいかなければならないものである．

　ただ，一昔前までは，"コンクリートは木造のように腐ることはなく半永久的に使用できる"，"鉄筋コンクリート造の建築物はメンテンナンスフリー"と思われていたところもあった．このような一般の人々の認識も，現在は変化してきている．

　図5・1・1に建築年代別の住宅ストック数を示す．平成30年（2018年）時点での居住されている住宅ストック総数は約5,362万戸あり，非居住の住宅ストック数は，約880万戸で，空き家率は13%を超えている．また，1980年以前に建築された住宅が約1160万戸（22%）で，1970年以前に建築された住宅が約440万戸（約8%）存在し，今後老朽化に伴う問題も大きくなることが予想される．

　さて，国における建築物等の保全については，「官公庁施設の建設等に関する法律」第9条の3において，「各省各庁の長は，その所管に属する建築物及びその附帯施設を，政令で定める技術的基準に従い，適正に保全しなければならない」と規定されている．この政令で定める技術的基準に相当するものとしては，「国家機関の建築物等の保全に関する技術的基準」（以下，「保全技術基準」と記す）を定め，これらに基づき，国土交通省が各省庁に対して保全指導を行うとともに，保全の実施に必要な技術基準類の整備を図り，各省庁の施設管理者や保全に関する技術者を支援している．

　一方，住宅をはじめとする一般の建築物を対象

とした法律としては，建築基準法第8条の「維持保全」がある．そこでは，建築物やそれに備わっている設備等がいつも適法な状態にあるように管理すること，またそのための「維持保全計画」を作成することが，建物の所有者や管理者等に対して定められている．また，特に不特定多数の人々が利用する建築物（特殊建築物）に対しては，老朽化や避難設備の不備による事故や災害を未然に防ぎ，安全性を確保するという目的として，有資格者に建築物や設備機器等を定期的に点検・検査させ，その結果を特定行政庁へ報告することが，建築物の所有者または管理者に義務づけられている．これは建築基準法第12条に定められている「定期報告制度」と呼ばれているものである．この定期調査・検査報告には，表5・1・1に示すように，①特殊建築物等の定期調査，②建築設備の定期検査，③昇降機等の定期検査の3つがある．対象となる建築物の用途や規模，報告の時期については，特定行政庁ごとに決められている．

建築基準法第8条と第12条の概要を図5・1・2に示す．

また，2021年には，日本建築学会より「建築保全標準（JAMS）」が刊行され，JAMS-1～JAMS-5として，建築物の保全に関わる標準仕様書，設計規準等が示された．表5・1・2に「建築保全標準」の構成を示す．建築保全標準は，鉄筋コンクリート構造体，外装仕上げ，防水など，鉄筋コンクリート造の建築物全体を対象とし，保全に関する一連の行為の標準的な考え方や仕様を示しており，建築物の保全を建物全体で，計画から工事までを一体的な行為として考える必要があることを示している．

5・1・2 建築物の維持管理のレベル

具体的に建築物の状態を把握するために，実際にどのような管理を行えばよいか．大きく以下のように整理することができる．

①日常的な維持管理
②定期的な維持管理
③更新，変更，機能向上等を伴う維持管理
①については，清掃や保守，日常点検などが該

表5・1・1　定期調査・検査報告の内容

定期調査・検査の種類	調査内容
①特殊建築物等の定期調査	①敷地および地盤：敷地内の通路，擁壁の状況など ②建築物の外部：外壁の劣化の状況など ③屋上および屋根：屋上周りの劣化の状況など ④建築物の内部：防火区画や，床，天井の状況など ⑤避難施設等：避難施設，非常用設備の状況など
②建築設備の定期検査	①換気設備：排気風量の測定など ②排煙設備：作動確認，風量測定など ③非常用の照明装置：点灯の確認など ④給水設備および排水設備：受水タンクの点検など
③昇降機等の定期検査	①エレベーター ②エスカレーター ③小荷物専用昇降機 ④遊戯施設等

建築基準法第8条第1項
【維持保全】
建築物の所有者，管理者又は占有者は，その建築物の敷地，構造及び建築設備が常時適法な状態に維持するように努めなければならない．

建築基準法第12条第1項の調査又は第3項の検査
【定期調査・検査報告制度】
特定行政庁が指定する建築物（昇降機などの建築設備や遊戯施設などの工作物も含む）の所有者・管理者は，定期に，専門技術を有する資格者に調査・検査をさせ，その結果を特定行政庁に報告しなければならない．

図5・1・2　維持保全に関する法律（建築基準法第8条の維持保全と第12条の定期調査・検査報告制度の概要）

表5・1・2　日本建築学会「建築保全標準」の構成

建築保全標準・同解説（JAMS－RC） Japanese Achitectural Maintenance Standard - RC	
JAMS-1	一般共通事項
JAMS-2	点検標準仕様書
JAMS-3	調査・診断標準仕様書
JAMS-4	補修・改修設計規準
JAMS-5	補修・改修工事標準仕様書

当し，室内の清掃，換気・排煙のための窓等の開閉，エアコンの清掃，照明の点灯等の清掃などの日常的に行う作業がある．また建築物の利用者が共通に使用する部分，例えば建築物の敷地，廊下や階段等，さらに非常の際に必要となる設備等については，防災に対する準備として日頃から実施することが望ましい点検がある．

②としては，専門家による日常点検や法定点検が該当する．エレベーターやエスカレーターの点検などは，日常生活で見かけるものの1つである．エレベーターなどの昇降機や換気設備等は常に一定の性能を確保しておく必要があるため，日頃から設備機器メーカー等の専門家による点検が必要である．その中には，法律で実施することが決められたものもある．

③については修繕・改修工事，用途変更，耐震診断等の調査・診断などがあり，大規模修繕工事もその1つである．建築物は年数が経過すると構造や設備等に不具合が生じるため，耐用年数を向上させ，またこれによって資産価値を高めるために，大規模修繕工事が定期的に実施される．概ね10〜15年程度の間隔で定期的に実施されることが多い．工事のための足場の設置は，建物所有者にとって金銭的な負担が大きく，また工事中の防犯の面での問題が出てくる可能性もあるため，大規模改修では単独の工事ではなく，複数の工事を計画し，効率的に実施されることがほとんどである．主に，外壁の補修および鉄部塗装，屋上やバ

ルコニー等の防水工事，シーリング材の打ち替えなどが行われる．その他にも，不具合が発生したところについては，補修工事等を行うこととなる．

5・1・3　維持保全計画

建築基準法第8条では，建築物を適切な状態で維持していくために「維持保全計画」を立案することが規定されている．維持保全を効率的に行うには「維持保全計画書」を作成することが重要である．建築保全標準（JAMS-1・一般共通事項）においても，保全計画の重要性，保全計画立案の考え方が示されている．なお，建築保全標準では，建築物の保全行為を，「保全」という用語で表し，建築基準法の「維持保全」と同義のものとして考え「建築物の全体または部分の機能および性能を，使用目的および要求に適合するよう維持または改良する諸行為」と定義している．本書では，建築基準法における「維持保全」ならびに建築保全標準における「保全」の概念を全て含むものとして，「維持保全」として表した．

維持保全計画書は建築物の所有者または管理者が作成するもので，建築物の概要（構造，面積，用途），建築・設備の詳細，建物の利用計画（現状の利用形態・将来の利用計画など），維持保全の実施体制と責任範囲，日常点検や定期点検の方法，修繕計画，図書の作成と保管方法，さらに資金計画等を記載するようになっている（表5・1・3参照）．

表5・1・3　維持保全計画書の項目例

①建築物の利用計画	建築物またはその部分の用途，将来の増改築の予定などに関する事項
②維持保全の実施体制	維持保全を行うための組織，維持保全業務の委託，建築士その他専門技術者の関与等に関する事項
③維持保全の責任範囲	計画作成者の維持保全の責任範囲に関する事項
④占有者に対する指導等	建築物の破損時などにおける通報，使用制限の厳守に関する事項
⑤点検	点検個所，点検周期，点検者，点検に当たっての判断基準，結果の報告等に関する事項
⑥修繕	修繕計画の作成，修繕工事の実施等に関する事項
⑦図書の作成・保管等	維持保全計画書，確認通知書，竣工図，設備仕様書等の作成，保管，廃棄等に関する事項
⑧資金計画	点検・修繕等の資金確保，保険等に関する事項
⑨計画の変更	計画の変更手続き等に関する事項
⑩その他	全各号に挙げるものの他，維持保全を行うために必要な事項

現在，この維持保全計画書のひな形などは，自治体のホームページ等でも紹介されており，これらを活用して作成することも1つの有効な方法である．なお，特定行政庁が定める不特定多数の人が使用する建築物，設備等の所有者・管理者については，維持保全計画書の作成が義務づけられている．

これとは別に，「分譲マンションにおける長期修繕計画」という言葉も維持保全計画と同様に耳にすることが多いと思われる．日本国内での分譲マンションの数は多く，特に都市圏でのマンション居住数は多い．また，以前に比べると永住意識も高まっているため，マンションを終の棲家と考える人達も増えてきているとの報告もあり，より快適に過ごしていくためにも，マンションの維持保全は重要となる．しかしながら，マンションは多くの人が1つの建物の中に居住するという形態であるため，維持保全のための建物調査や工事を行うにあたっては，その意志決定が非常に難しくなる．適切なコスト管理を行った場合でも，マンションの修繕工事等をするとなればその費用は多額となり，居住者の負担は非常に大きくなるというのがその大きな理由である．

費用不足のために修繕工事等ができない場合でも，建物の劣化は進んでいく．最悪の場合，事故が発生することも十分に考えられる．このようなことがないように，将来予想される修繕工事等を事前に計画し，必要な予算，月々の積立金を設定するために作成するものが，この「長期修繕計画」である．これは主に分譲マンションの区分所有者や管理組合を対象としたものである．2001年に施行された「マンションの管理の適正化の推進に関する法律」においては，「マンション管理の適正化に関する指針」が定められ，管理組合を適切に運営すること，管理費と修繕積立金を区別しそれぞれ適正に管理すること，長期修繕計画を策定し必要な修繕積立金を積み立てておくことなどが示された．平成30年のマンション総合調査の結果では，90.9%の管理組合が長期修繕計画を策定していると報告されている．この長期修繕計画を作成していくための基本的な考え方については，「長期修繕計画標準様式」，「長期修繕計画作成ガイドラインおよび同コメント」として国土交通省より出されている．標準書式の一例として，推定修繕工事項目，修繕周期等の設定内容を図5・1・3に示す．また，長期修繕計画の例を図5・1・4に示

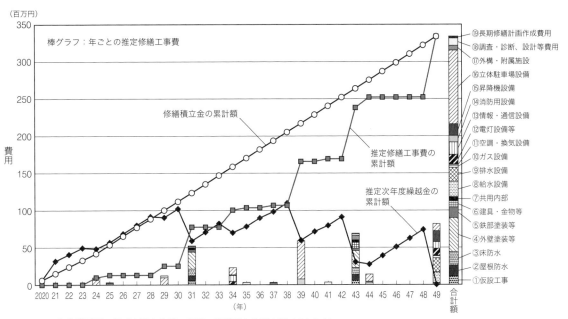

図5・1・4　長期修繕計画に基づく推定修繕工事費，修繕積立金等の例（著者作成）

推定修繕工事項目	対象部位等	工事区分	修繕周期(参考)	想定している修繕方法等
I 仮設				
1 仮設工事				
①共通仮設	記載内容を参考とし, 必要に応じて追加して, 各マンションの実態にあった「推定修繕工事項目」を記載する.	仮設	12年	12年・24年・36年・48年…	仮設事務所, 資材置き場等
②直接仮設	推測される「工事区分」を記載しているので, 記載内容を参考とし, 必要に応じて追加して, 各マンションの実態にあった「工事区分」を記載する.	仮設	12年	12年・24年・36年・48年…	枠組足場, 養生シート等
II 建物				
2 屋根防水				
①屋上防水(保護)	屋上, 塔屋, ルーフバルコニー	補修	12年	(1周期)12年	伸縮目地の打替え, 保護コンクリート部分補修
		修繕	24年	(2周期)24年(以降は露出防水)	下地調整の上, 露出防水(塗膜防水, シート防水, 露出アスファルト防水等)※かぶせ方式(保護層を撤去しない)
②屋上防水(露出)	屋上, 塔屋	修繕	12年	(1周期)12年…36年…60年…	塗膜防水の上, 保護塗装(トップコート塗り)※かぶせ方式(防水層を撤去しない)
		撤去・新設	24年	(2周期)24年…48年…72年…	既存防水層を全面撤去の上, 下地調整(露出アスファルト防水等)※全面撤去方式
③傾斜屋根	屋根	補修	12年	(1周期)12年…36年…60年…	下地調整の上, 保護塗装(水性ポリマー等)
		撤去・葺替	24年	(2周期)24年…48年…72年…	既存屋根材を全面撤去の上, 下地補修, 葺替え(アスファルトシングル葺, 鋼板葺等)
④庇・笠木等防水	庇天端, 笠木天端, パラペット天端・アゴ, 架台天端等	修繕	12年	12年・24年・36年・48年…	高圧水洗の上, 下地調整(塗膜防水等)
3 床防水				
①バルコニー床防水	バルコニーの床(側溝, 幅木を含む)	修繕	12年	12年・24年・36年・48年…	(床)高圧水洗の上, 下地調整(ウレタン塗膜防水等)(側溝・幅木)高圧水洗の上, 下地調整(塗膜防水等)
②開放廊下・階段等床防水	開放廊下, 階段の床(側溝, 幅木を含む)	修繕	12年	12年・24年・36年・48年…	(床)高圧水洗の上, 下地調整(塩ビシート張り等)(側溝・幅木)高圧水洗の上, 下地調整(塗膜防水等)
4 外壁塗装等				
①コンクリート補修	外壁, 屋根, 床, 手すり壁, 軒天(上げ裏), 庇等(コンクリート, モルタル部分)	補修	12年	12年・24年・36年・48年…	ひび割れ・浮き・欠損, 鉄筋の発錆, モルタルの浮きなど
②外壁塗装	外壁, 手すり壁等	塗替	12年	(1・2周期)12年・24年・48年・60年…	高圧洗浄の上, 下地処理(仕上塗材塗り等)
		除去・塗装	36年	(3周期)36年・72年…	既存全面撤去の上, 下地処理(仕上塗材塗り等)
③軒天塗装	開放廊下・階段, バルコニー等の軒天(上げ裏)部分	塗替	12年	(1・2周期)12年・24年・48年・60年…	高圧洗浄の上, 下地処理(仕上塗材塗り等)
		除去・塗装	36年	(3周期)36年・72年…	既存全面撤去の上, 下地処理(仕上塗材塗り等)
④タイル張り補修	外壁, 手すり壁等	補修	12年	12年・24年・36年・48年…	欠損, 浮き・剥離, ひび割れの補修, 洗浄
⑤シーリング	外壁目地, 建具周り, スリーブ周り, 部材接合部等	打替	12年	12年・24年・36年・48年…	打継ぎ, 収縮, 誘発, 取合部等
5 鉄部塗装等				
①鉄部塗装(雨掛かり部分)	(鋼製)開放廊下・階段, バルコニーの手すり	塗替	4年	4年・8年・12年・16年…	下地処理の上, 塗装
	(鋼製)屋上フェンス, 設備機器, 立て樋・支持金物, 架台, 避難ハッチ, マンホール蓋, 隔て板枠, 物干金物等	塗替	4年	4年・8年・12年・16年…	下地処理の上, 塗装
	屋外鉄骨階段, 自転車置場, 遊具, フェンス	塗替	4年	4年・8年・12年・16年…	下地処理の上, 塗装(注:機械式駐車場を除く)
②鉄部塗装(非雨掛かり部分)	(鋼製)住戸玄関ドア	塗替	6年	6年・12年・18年・24年…	下地処理の上, 塗装
	(鋼製)共用部分ドア, メーターボックス扉, 手すり, 照明器具, 設備機器, 配電盤類, 屋内消火栓箱等	塗替	6年	6年・12年・18年・24年…	下地処理の上, 塗装
③非鉄部塗装	(アルミ製・ステンレス製等)サッシ, 面格子, ドア, 手すり, 避難ハッチ, 換気口等	清掃	12年	12年・24年・36年・48年…	洗浄の上, コーティング
	(ボード, 樹脂, 木製等)隔て板・エアコンスリーブ・雨樋等	塗替	12年	12年・24年・36年・48年…	下地処理の上, 塗装

注記(図中吹き出し):
- 推測される「対象部位等」を記載しているので, 記載内容を参考とし, 必要に応じて追加して, 各マンションの実態にあった「対象部位」を記載する.
- 修繕工事項目, 部位, 工事区分に対応した「修繕周期」を記載する.
- 工事区分に対応した「想定している修繕方法等」を記載する.

図 5・1・3 推定修繕工事項目, 修繕周期等の設定内容

す．長期修繕計画は，30年以上の計画期間として，大規模修繕を2回以上含むように計画する．また，大規模修繕の実施後や5年程度おきに見直すことが望ましいとされている．マンションの維持保全では，長期修繕計画を活用しながら，適切に修繕積立金を準備し，維持保全の実施に繋げていくことが肝要である．

5・1・4 維持保全に必要な住宅・建築物の履歴情報

建築物の状態を管理・把握するには，配置図や各階平面図などの図面や特記仕様書や室内仕上げ表など，その建物が完成した時に引き渡される竣工図書が必要である．しかしながら，実際問題として，これらが適切に保管されていることは少なく，いざ改修工事やリフォーム工事が必要になった場合は，工事が必要な部分が一体どのようになっているのか，改めて調査することから始めなければならないということも多い．

このように，長期にわたって建築物を使用していく上では，建築物や住宅に関する履歴情報が蓄積され，また活用できるようになっていることが不可欠であるということから，住宅を対象に「住宅履歴情報の整備検討」が平成19〜21年度にわたって国土交通省において進められた．その後，良質な住宅が長期にわたって使用されるようにするため，住宅の建築および維持保全に関わる計画の認定などを行う「長期優良住宅の普及の促進に関する法律」が平成21年6月に施行された．この法律によって認定を受けた住宅については，「その建築及び維持保全の状況に関する記録を作成し保存しなければならない（同法第11条）」ことになっている．

長期優良住宅についてはこのような取り決めがあるが，本来，住宅履歴情報の蓄積・活用については，新築・既存を問わずすべての住宅に備えられることが望まれる（図5・1・5参照）．

なお，これまで紙ベースで保存されていた完成図書などを電子化した状態で保存し，これらの情報を専門的に保管するサービスも，現在，整備され始めている．このサービスでは維持保全段階での点検・検査，改修工事に関する情報などを適宜追加することができ，長期にわたって情報を活用できる仕組みとなっている．

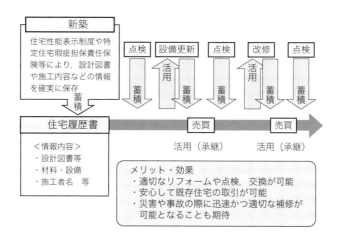

図5・1・5 住宅履歴情報の蓄積・活用 (出典：国土交通省HP)

5·2·1 劣化および調査・診断の例

1 劣化および調査・診断の定義

RC建築物を長期間使用するにあたり，その性能と機能を保つため，劣化の程度や要因の把握が重要である．まず，劣化や調査・診断に関わる用語を以下に整理する．

・劣化：物理的，化学的，生物的な要因により，建築物の構成要素の品質や性能が経年的に低下すること

・劣化調査：補修の要否の判定，補修計画の作成，補修工事の設計および施工に必要な情報の収集，整理，確認を行うこと

・劣化診断：調査結果をもとに劣化状況を把握し，劣化の程度の判定，劣化の原因とメカニズムの推定を行い，補修設計および補修工事の方向付けをすること

2 代表的な劣化現象

鉄筋コンクリート造建築物に見られる劣化に伴う不具合を表5·2·1に示す．ひび割れ，防水，仕上げ材の剥離に関する不具合が多いことがわかる．

なお，躯体に生じる劣化として，中性化，鉄筋腐食，ひび割れ，漏水，強度劣化，大たわみ，凍害，表面劣化は8大劣化現象と呼ばれる．これらの劣化は，相互に関連しており，最終的にはひび割れとして表面的に顕在化することが多い．よって，ひび割れは，躯体に関する劣化のシグナルと考えることができる．例えば，中性化が進むと，鉄筋腐食が生じ，鉄筋に体積膨張が起こるため，周囲のコンクリートを押し広げてひび割れが生じる（図5·2·1）．

仕上げ材に関わる劣化として代表的なものに外装タイルの剥離がある．外装タイルの剥離は，タイルの貼付けモルタルと躯体との間で生じることが多く，日射や雨水などにより表面の温度が大きく変化するのに対し，躯体の温度が比較的安定していることに起因する温度ひずみ差が主要な原因と言われている（図5·2·2）．

3 劣化の調査の基本

劣化調査は，表5·2·2に示すように目的や調査

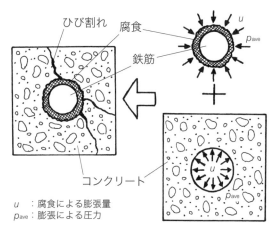

u ：腐食による膨張量
p_{ave} ：膨張による圧力

図5·2·1　中性化による鉄筋腐食に起因するひび割れ発生

表5·2·1　RC建築物の劣化による代表的な不具合

発生件数		補修工事費総額に対する割合	
ひび割れ	223件	屋上防水	13.1%
外壁防水	175件	ひび割れ	11.4%
屋上防水	174件	外壁防水	10.0%
設備関係	111件	構造クリープ	9.5%
モルタル剥離	78件	モルタル剥離	7.5%
石・タイル剥離	73件	設備関係	7.2%
地盤沈下	51件	石・タイル剥離	6.8%
構造クリープ	22件	地盤沈下	5.3%

（出典：日本建築学会『鉄筋コンクリート造建築物の耐久性調査・診断および補修指針（案）・同解説』1997）

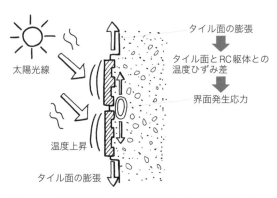

図5·2·2　温度変化によるRC建築外壁タイルの剥離発生メカニズム

のレベルに応じて適用する調査方法や調査対象を
を選択して実施する.

日常点検は，劣化の早期発見のために必要不可欠であり，点検において変状が確認された場合はできるだけ早期に調査を実施する．予備調査は，調査計画を立案するために建物に関する情報や，建物の使用者からも情報を収集する．

外観目視調査は，建物調査の基本となる調査であり，劣化の程度，原因，その後の詳細な調査の要否の判断などを行う．外観目視調査の結果は，表5・2・3の例のような調査表に記録し，劣化の症状や部位別に発生している劣化症状の数量を記録しておく．また調査表と同時に図面への記録や写真撮影なども行っておき，その後の詳細調査や将来的な調査のための資料としておくとよい.

外観目視調査の結果，詳細調査が必要と判断された場合は，詳細調査を行う．詳細調査の要否は，外観目視調査によって，劣化の程度や原因が把握できたかどうかによる．目視調査のみでは，調査が出来ない部分や，劣化の原因が明確にならない場合もあるため，そのような場合には詳細調査を行う．劣化の原因が分からないまま，対処療法的な補修を行うことは，極力避けなければならない.

詳細調査では，できるだけ構造物への損傷を少なくすることに留意する必要があるため，非破壊試験や微破壊試験などを適用することや極力少ないサンプル数で評価することを心がける．しかしながら，非破壊試験では試験の精度が十分でない

表5・2・2　調査のレベルの考え方

調査レベル		主な目的	調査方法	調査対象
日常点検		劣化や不具合等の早期発見，劣化診断の初動調査	外観目視	外壁や屋上等の目視可能な部分
予備調査		調査計画の立案	資料調査，外観目視，ヒアリング調査	設計図書，履歴情報（過去の点検・調査結果，修繕履歴等），ヒアリング
外観目視調査		現状把握，劣化の危険性や応急措置，詳細な調査の必要性の判断	外観目視，軽微な計測	上記に加え，手の届く範囲での調査
詳細調査	一次調査	原因の特定と補修の要否の判断，対策の検討	非破壊試験，微破壊試験中心	建物全体（極力少ないサンプリング）
	二次調査	より詳細な評価，診断，劣化の進行予測	局部破壊試験（コア採取などのサンプル採取，詳細分析）	上記に加え，追加のサンプリング

表5・2・3　外観目視調査の調査項目例

			柱	はり	壁一般	壁開口周辺	パラペット天端	パラペットその他	ひさし先端	ひさし下面	バルコニー先端	バルコニー下面	調査範囲小計
一般事項	調査対象範囲		延べ本	延べ本	延べm²	箇所	延べm²	延べm²	延べm²	延べm²	延べm²	延べm²	
	外装仕上材												
	補修歴の有無												
各種劣化症状	ひび割れ	鉄筋に沿う 軸方向筋											m²
		鉄筋に沿う 補助筋											m²
		開口周辺											箇所
		網目状	m²	m²	m²	m²		m²		m²		m²	m²
		その他											m²
	浮き		m²	m²	m²	m²	m²	m²	m²	m²	m²	m²	m²
	剥落	仕上材のみ	m²	m²	m²	m²	m²	m²	m²	m²	m²	m²	m²
		コンクリート 鉄筋の露出なし											m²
		コンクリート 鉄筋の露出あり											m²
	表面の状態	さび汚れ											m²
		エフロレッセンス											m²
		ポップアウト											m²
		表面の脆弱化	m²	m²	m²	m²	m²	m²	m²	m²	m²	m²	m²
		その他の汚れ	m²	m²	m²	m²	m²	m²	m²	m²	m²	m²	m²
	漏水痕跡												m²
	異常体感												m²
	その他の症状（あれば記述して下さい）												m²
													m²
													m²

調査面の方位（○印）　東・西・南・北面

全体の印象（文章で記述して下さい）

（出典：日本建築学会『鉄筋コンクリート造建築物の耐久性調査・診断および補修指針（案）・同解説』1997）

場合やばらつきを考慮した評価などが必要な場合には，はつり調査などの局所的な破壊を伴う調査や調査数量を多くすることもある．

詳細調査では，①コンクリート強度・弾性係数，②コンクリートの中性化深さ，②コンクリート中の塩化物イオン量，④鉄筋のかぶり厚さ，⑤鉄筋腐食，⑥仕上材（モルタル・タイル等）の浮き，⑦仕上材（仕上塗材等）の劣化，などの項目について調査を実施することが多い．このほか，特殊な劣化要因（寒冷地，酸性土壌，アルカリシリカ反応など）が疑われる場合は，状況に応じて追加の調査が実施される．

表5・2・4に劣化調査で適用する試験方法の一覧とその特徴を示す．表には，調査の項目，構造物への損傷のレベル，調査方法の規格とそれらの特徴を述べている．構造物への損傷は，構造物にほとんど損傷を与えない方法を「非破壊試験」，ϕ 10〜30mm程度のドリル削孔やϕ 50mm程度以下の

表5・2・4　劣化調査に適用する試験方法とその特徴

試験項目	構造物の損傷	試験方法	試験規格	特徴など
コンクリート強度	非破壊試験	反発度法	JIS A 1155	リバウンドハンマーの反発度で強度を推定．仕上材の上からの調査は不可．推定精度は高くない．
	非破壊試験	超音波法	NDIS 3426-1	超音波の音速と強度の関係から強度を推定．骨材などの影響を受けやすく，推定精度はそれほど高くない．
	微破壊試験	小径コア法	NDIS 3437	ϕ 30mm程度の小径のコアを採取する．試験精度も高く，損傷も比較的軽微．
	破壊試験	コア法	JIS A 1107	ϕ 75〜100mm程度のコアを採取する．基本となる方法．
弾性係数	非破壊試験	超音波法	NDIS 3426-1	超音波の音速と弾性係数の関係から弾性係数を推定．骨材などの影響を受けるが，強度よりは推定精度も高い．
	破壊試験	コア法	JIS A 1447, 1149	ϕ 75〜100mmのコアで，動弾性係数（JIS A 1127）および静弾性係数（JIS A 1149）を測定．
中性化深さ	微破壊試験	ドリル削孔法	NDIS 3419	ϕ 10mm程度のドリル削孔により測定．精度も良好で損傷も軽微．ただしモルタルやタイル仕上げには適用困難．
	破壊試験	コア法	JIS A 1152	ϕ 75〜100mm程度のコアを採取し，割裂面にフェノールフタレイン溶液を噴霧して測定．
	破壊試験	はつり調査	JIS A 1152	コンクリートの一部をはつり，フェノールフタレイン溶液を噴霧して測定．損傷は大きいが，かぶり厚さ，鉄筋腐食の調査と同時に実施（図5・2・3）．
塩化物イオン量	微破壊試験	ドリル削孔法	NDIS 3433	ϕ 10〜20mm程度のドリル削孔粉を簡易的に分析．精度も良好で損傷も軽微．
	破壊試験	コア法	JIS A 1154	ϕ 75〜100mm程度のコアを採取し，コアをスライスして微粉砕した後に化学分析．
鉄筋かぶり厚さ	非破壊試験	電磁波レーダ法	NDIS 3429	電磁波の反射時間から鉄筋位置・かぶり厚さを推定．
	非破壊試験	電磁誘導法	NDIS 3430	コイルで発生させた磁束の変化から鉄筋位置・かぶり厚さを推定．鉄筋径が推定出来る機種もある．
	破壊試験	はつり調査	−	コンクリートの一部をはつり，ノギス等で測定（図5・2・3）．
鉄筋腐食	非破壊試験	自然電位法	ASTM C 876	鉄筋腐食の可能性を評価．推定精度は高くない．
	非破壊試験	分極抵抗法	−	鉄筋腐食の速度を評価．推定精度は高くない．
	破壊試験	はつり調査	−	コンクリートの一部をはつり，目視により腐食状況を評価（図5・2・3および表5・2・5）
仕上材浮き	非破壊試験	打診調査	−	打診用ハンマの打撃音で評価．簡単な調査であるが手の届く範囲に限られ，精度は試験者の技術に左右される．
	非破壊試験	赤外線調査	NDIS 3428	表面の温度差により浮き部分を推定．非接触で大面積の調査が可能であるが，精度は環境条件等に左右される．
	破壊試験	引張試験	−	タイルを直接引っ張る方法．試験後の補修が必要．
仕上材劣化	非破壊試験	目視調査	JIS K 5600-8-1〜8	膨れ，さび，割れ，はがれ，白亜化を目視で評価．
	微破壊試験	付着試験	−	塗膜を直接引っ張る方法．試験後の補修が必要．

試験規格の略称　JIS：日本産業規格，NDIS：非破壊検査協会規格，ASTM：American Society for Testing and Materials

小径のコア採取などの軽微な損傷を与える方法を「微破壊試験」，それ以上の損傷を与える方法を「破壊試験」として分類している．また，試験規格の名称は表の注書きに示している．

図5・2・3にはつり調査による鉄筋腐食の評価の状況，表5・2・5に目視による鉄筋腐食の評価基準を示している．はつり調査は，構造物への損傷が大きい調査方法であるが，コンクリート中の劣化が疑われる場合には，最も確実な調査方法である．はつり調査では，鉄筋の腐食状況とともに，中性化深さ，鉄筋のかぶり厚さ，塩化物イオン量なども調査し，鉄筋腐食の程度とその原因を特定する．

4 劣化の診断

劣化の診断では，劣化調査の結果に基づき，劣化の程度（劣化度）の判定，劣化原因の推定，劣化進行予測，補修の要否の判断などを行う．

劣化度は，構造体の場合には，鉄筋の腐食状況もしくは腐食によるひび割れの幅により判断するのが基本である（表5・2・6）．ひび割れ幅の評価は，屋内外や環境条件によって評価基準が異なる．また，はつり調査を実施しない場合などは，中性化や塩化物イオン量，かぶり厚さなどから，鉄筋の腐食の危険性を評価する場合も多い．

劣化の原因は，供用年数，建物立地の環境要因

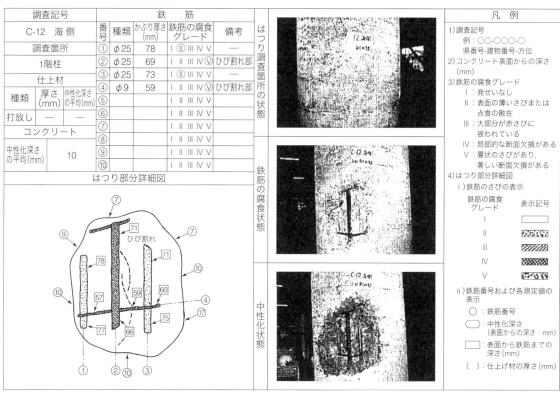

図5・2・3　はつり調査に基づく鉄筋腐食評価の例（詳細調査）
（出典：日本建築学会『鉄筋コンクリート造建築物の耐久性調査・診断および補修指針（案）・同解説』1997）

表5・2・5　はつり調査における鉄筋腐食の評価基準

腐食グレード	鉄筋の腐食状態
I	腐食がない状態，または表面にわずかに点さびがある状態
II	表面に点さびが広がっている状態
III	点さびがつながって面さびとなり，部分的に浮きさびが生じている状態
IV	浮きさびが広がって生じ，コンクリートのさびが付着し，鉄筋断面積の5%以下の欠損が生じている状態
V	厚い層状のさびが広がって生じ，鉄筋断面積の5%を超える欠損が生じている箇所がある状態

（出典：日本建築学会「JAMS 3-RC 調査・診断標準仕様書・同解説」2021）

などによりおおよそ判断可能であるが，劣化要因に関する調査を行った場合にはその結果により判断する．例えば，供用年数が長期にわたっている建物であれば中性化，沿岸地帯や寒冷地に融雪剤が散布される道路沿いの建物，1986年以前に建設された建物などであれば塩化物イオンによる鉄筋腐食の可能性が考えられる．調査結果による評価の目安として，表5・2・7に中性化および塩化物イオンが鉄筋腐食に及ぼす影響の程度の分類を示しているのでこれらを参考にするとよい．近年では，鉄筋腐食に対する影響の評価について，水分の作用の有無（雨掛かりの有無や屋内外など）を考慮している．

劣化の進行予測は，劣化を生じさせる原因の強さや使用されている材料の品質を勘案して行い，劣化進行の程度により判断する．例えば，中性化が要因の場合には，中性化深さ D が時間 T の平方根に比例するとした式（5・2・1式）によって，将来的な中性化の進行予測する．塩化物が要因の場合には，鉄筋位置の塩化物イオン量を予測する式（Fick の拡散方程式など）によって将来的な塩化物イオン量を予測する．

補修の要否は，劣化度と劣化原因の強さに基づき判断する．日本建築学会 JAMS 3 - RC では，表5・2・6に示した個別劣化度が ii 以上となる場合，表5・2・7に示した中性化や塩化物イオンによる鉄筋腐食の影響が「大」となるような場合に，補修を要するとしている．また，補修工法の選定においては，劣化度の程度や鉄筋腐食に及ぼす影響の程度などを考慮する．

$$D = k\sqrt{T} \qquad (5・2・1 式)$$

k：中性化速度係数

5・2・2　補修材料および補修工法の選定

補修材料および補修工法は，劣化調査・診断で得られた劣化の原因やその程度に基づいて選定することが重要である．

表5・2・8は，ひび割れ，中性化，塩化物イオンを要因とした場合の劣化度に応じた補修工法の選定例を示している．ここでの個別劣化度は，表5・2・6で得られたものである．また，複数の要因が考えられる場合には，より補修効果が期待できる材料・工法を選定するとよい．

すべての建築物は，完成時より劣化が始まり性能が低下することは避けられないため，低下した

表5・2・6　鉄筋腐食に関する劣化度の評価基準

個別劣化度	鉄筋腐食に基づく評価基準	ひび割れによる評価基準			
		評価基準	環境条件別のひび割れ幅 w の範囲 [mm]		
			屋内	一般の屋外	塩害環境の屋外
i	鉄筋の腐食グレードはすべて3以下である	目立った変状は認められない	−	−	−
		幅 w のひび割れが認められる	$w \leq 0.5$	$w \leq 0.3$	$w \leq 0.2$
ii	腐食グレードが4の鉄筋がある		$0.5 < w$	$0.3 < w$	$0.2 < w$
iii	腐食グレードが5の鉄筋がある	−	−	−	−

（出典：日本建築学会「JAMS 3-RC 調査・診断標準仕様書・同解説」2021）

表5・2・7　コンクリートの中性化および塩化物イオンが鉄筋腐食に及ぼす影響の程度の分類

鉄筋腐食に及ぼす影響の程度	中性化による影響		塩化物イオンによる影響
	かぶり厚さと中性化深さの関係		鉄筋位置における塩化物イオン量 [kg/m³]
	水が作用する環境	水が作用しない環境	
小	$D - 10 \geq C_d$	$D \geq C_d$	0.60 以下である
中	$D - 10 < C_d \leq D$	$D < C_d \leq D + 20$	0.60 を超え 1.20 以下である
大	$D < C_d$	$D + 20 < C_d$	1.20 を超えている

D：調査した鉄筋のかぶり厚さの平均値
C_d：調査箇所ごとの中性化深さ

（出典：日本建築学会「JAMS 3-RC 調査・診断標準仕様書・同解説」2021）

表 5・2・8　劣化度および鉄筋腐食への影響の程度による補修工法選定の目安

個別劣化度	ひび割れ		中性化			塩化物イオン		
	小	大	小	中	大	小	中	大
i	不要	ひび割れ補修	不要	表面被覆	表面被覆	不要	表面被覆	表面被覆
ii	＊	断面修復	＊	表面被覆＋断面修復（ひび割れ注入）	表面被覆＋断面修復	＊	表面被覆＋断面修復	表面被覆＋断面修復
iii	＊	断面修復	＊	＊	表面被覆＋断面修復	＊	＊	表面被覆＋断面修復

＊：他の要因を検討する　　　　　　　　　　（出典：日本建築学会「JAMS 4-RC 補修・改修設計規準・同解説」2021 を参考に作成）

性能を回復することが補修である．補修は，建築物の欠陥部分を取り繕うような否定的な印象を強く持たれているが，すべての建築物について避けて通れないことであり，これを適切に行うことにより耐久性能の回復，安全性能の回復，美観の回復および居住性能の回復などが可能となり，建築物の耐用年数を増加させることができる．

補修を行う際に重要なことは，不具合の原因および現状の正確な把握に基づき適切な補修方法を選択し，確実な施工を行う必要がある．

ここでは，補修が比較的多く行われるコンクリート部材のひび割れ，表面被覆，断面修復，欠けおよびモルタル（タイルを含む）の浮き・剥離に用いる補修工法および補修材料について概説する．

1 ひび割れの補修

図 5・2・4 〜図 5・2・6 に代表的なひび割れ補修工法の概念図を示す．図 5・2・4 はひび割れ表面を補修材でシールする工法であり，最も簡易な工法であるが耐久性に難点がある．図 5・2・5 はひび割れ表面を U 形にカットし，変形能力のある補修材を充填する工法である．このシール材充填工法は，挙動の大きいひび割れに対して行う方法である．この工法ではひび割れ部分の仕上げを取り除き躯体のひび割れを露出させ，コンクリート部材の充填方法と同様な方法により補修を行う．

図 5・2・6 に示す樹脂注入工法はひび割れに接着性の高い樹脂を注入し，剛性の回復が期待できる工法である．ひび割れの開閉の有無により，硬質形と軟質形の材料を使い分ける．なお，補修に用いる注入材料としてエポキシ樹脂が最も多用されており，他にポリマーセメントモルタルおよびポ

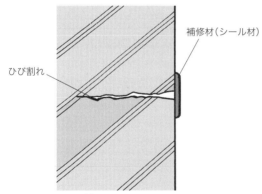

図 5・2・4　シール工法

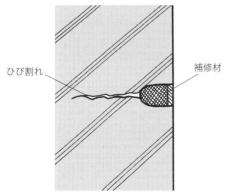

図 5・2・5　U カットシール材充填工法

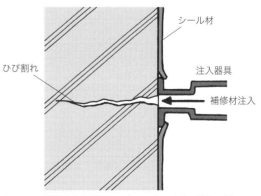

図 5・2・6　樹脂またはポリマーセメントモルタル注入工法

リマーセメントスラリーも用いられている.

エポキシ樹脂系補修材は,主に2成分形であり,用いられている硬化剤は多種多様なものがある.この硬化剤の種類を変えることにより硬化物の性質を変えることができる.エポキシ樹脂は「機械的強度が大きい」「硬化後の体積変化が小さい」「微小なひび割れにも注入できる」「湿潤面でも硬化するものがある」などの優れた特徴がある.しかし,温度依存性が高く,低温時(5℃以下)の使用は硬化反応が阻害される恐れがあり,また高温の環境下では機械的強度が著しく低下することには注意する必要がある.

ポリマーセメントモルタルおよびポリマーセメントスラリーは,セメントモルタルやセメントス

ラリーにスチレンブタジエンラバー(SBR),エチレン酢酸ビニル共重合樹脂(EVA).ポリアクリルエステル樹脂(PAE)などのポリマーを混入したものである.これらの材料は,接着性や流動性を改善させる.また比較的低価格であることから,ひび割れ幅が大きく大量使用が必要な箇所などに用いられる.

表5・2・9に各種ひび割れ補修材料や工法の特徴をまとめているので,参照いただきたい.

2 表面被覆工法および断面修復工法

表面被覆工法および断面修復工法は,主に中性化や塩化物イオンにより鉄筋が腐食した場合や腐食を防止する場合に用いられる工法である.

表面被覆工法は,劣化の程度が比較的軽微な場

表5・2・9 ひび割れ補修工法の種類と特徴

不具合	工法		主要材料・工法等	工法の特徴
コンクリート躯体のひび割れ	シール工法	可とう性エポキシ樹脂		ひび割れ幅が0.2mm未満で,浅いひび割れの場合に適用可能な工法.ひび割れが挙動しない場合はパテ状エポキシ樹脂を,ひび割れが挙動する場合は可とう性エポキシ樹脂を使用する.補修後の外観がそのままではよくないが,簡易的に雨水の浸入を防止する.改修後の耐用年数は長期には期待できない.
		パテ状エポキシ樹脂		
		ポリマーセメント擦込		躯体のコンクリート層やモルタル層のひび割れ幅が0.2mm未満で深さが50mm程度までの浅いひび割れの補修のために,ひび割れに微弾性ポリマーセメントペーストを擦り込み目止めし,表面を周囲の状態に馴染ませる工法.
	Uカットシール材充填工法			幅0.2mm以上の挙動性のあるひび割れに対して耐久性のある止水効果を求める場合に適用可能な工法.ひび割れ幅が1.0mmを超え,かつ挙動するひび割れ部はシーリング用材料を合わせて使用する.ひび割れ幅が0.2mm以上1.0mm以下の挙動するひび割れ部およびひび割れ幅が1.0mmを超える挙動しないひび割れ部は,可とう性エポキシ樹脂を使用する.
	樹脂注入工法	自動式低圧エポキシ樹脂注入工法		構造部の躯体コンクリート・モルタル層の幅0.2mm以上1.0mm未満の挙動性の少ないひび割れのの場合に長期的な耐力の向上と合わせて止水性も確保する場合に適用可能な工法.微細なひび割れにまで完全注入が可能で注入量の管理のしやすい自動式低圧注入が多用されるようになっている.ひび割れが挙動しない場合は硬質系エポキシ樹脂を,多少の挙動が考えられる場合は軟質形エポキシ樹脂を使用する.
		手動式エポキシ樹脂注入工法		
		機械式エポキシ樹脂注入工法		
仕上げモルタルのひび割れ	シール工法	可とう性エポキシ樹脂		モルタル塗り表面のひび割れ幅が0.2mm未満のひび割れ改修に適用可能な工法.
		パテ状エポキシ樹脂		
		ポリマーセメント擦込		モルタル塗り表面のひび割れ幅が0.2mm未満の場合に適用可能な工法.
	Uカットシール材充填工法			モルタル塗り表面のひび割れ幅が0.2mm以上に適用可能な工法.ただし,ひび割れから漏水している場合,またはひび割れ周辺のモルタル塗りが浮いている場合は,モルタル塗りを撤去し,躯体コンクリート面で行う.
	樹脂注入工法			構造部の躯体コンクリート・モルタル層の幅0.2mm以上1.0mm未満の挙動性の少ないひび割れのの場合に長期的な耐力の向上と合わせて止水性も確保する場合に適用可能な工法.ただし,ひび割れから漏水している場合,またはひび割れ周辺のモルタル塗りが浮いている場合は,モルタル塗りを撤去し,躯体コンクリート面で行う.
タイルのひび割れ	樹脂注入工法			躯体コンクリートに達するひび割れ幅が0.2mm以上1.0mm以下の場合に適用可能な工法.タイル張りを撤去し,躯体コンクリート面に施工する.タイル張りの浮きを伴う場合とそうでない場合も適用できる.
	Uカットシール材充填工法			躯体コンクリートに達する,ひび割れ幅が0.2mm以上の場合に適用可能な工法.タイル張りを撤去し,躯体コンクリート面に施工する.
	目地ひび割れ改修工法			タイル張りの目地部分のひび割れ(幅が0.2mm未満),目地の部分的剥落,欠け,目地とタイルとの境界部分の剥離等によるタイル張り内部に雨水の侵入を防止する場合に適用可能な工法.

合の予防保全として，また断面修復を行った場合の再劣化を防止するために，劣化因子の侵入を抑制するための補修工法である．補修対象となる部分に表面被覆材を全面的に施工する．

表面被覆材は，躯体のコンクリートにひび割れが生じても被覆材が破断することがないように高いひび割れ追従性が求められる．また，高い耐久性も求められる．具体的には，JIS A 6021 に規定されるアクリルゴム系の塗膜防水材や JIS A 6909 に規定される防水形複層仕上塗材などが挙げられる．

断面修復工法は，鉄筋が腐食した部材に対して，かぶりコンクリートや鉄筋の周辺の劣化因子を取り除き，断面を埋め戻す工法である．すでにコンクリート内部の鉄筋が腐食して，腐食ひび割れが生じている場合などに適用する．

断面修復工法の構成の例を図5・2・7に示す．また，表5・2・10に断面修復工法に用いられる材料の例を示す．劣化因子（中性化・塩化物イオン）や鉄筋腐食の程度によって，材料やその使用量を決定する．

③ 欠損部の補修

図5・2・8にコンクリート等の欠損部の補修工法の概念図を示す．ポリマーセメントモルタル充填工法とエポキシ樹脂モルタル充填工法が主な工法である．この工法は，モルタル欠損部の面積が比較的少ない場合に行う方法である．欠損部の面積が多い場合は，全面的なモルタル仕上げのやり直しとなる．ポリマーセメントモルタル充填工法は，欠損部の厚みが少なく，凹凸のない部分に用いる．

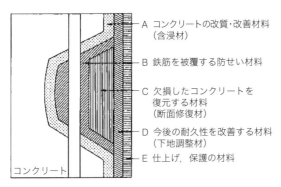

図5・2・7　断面修復工法の構成の例

A コンクリートの改質・改善材料（含浸材）
B 鉄筋を被覆する防せい材料
C 欠損したコンクリートを復元する材料（断面修復材）
D 今後の耐久性を改善する材料（下地調整材）
E 仕上げ，保護の材料

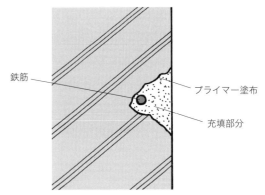

図5・2・8　ポリマーセメントモルタル充填工法

鉄筋　プライマー塗布　充填部分

表5・2・10　断面修復工法に用いる材料の例

種類	種別	主な成分	求められる性能の例
下地処理材	浸透性アルカリ性付与材	けい酸リチウム系など	・コンクリートの改質性能（含浸深さ，コンクリート表面強度，吸水量など）
	塗布型防せい材	亜硝酸カルシウム系，亜硝酸リチウム系など	
	浸透性固化材	無機系：けい酸塩，コロイダルシリカ系，けいフッ化物系など 有機系：エポキシ樹脂系，アクリル樹脂系，ポリエステル系など	
	吸水調整材	合成樹脂エマルションなど	・付着強さ（断面修復材と構造体）
	合成樹脂系プライマー	エポキシ樹脂など	
鉄筋防せい処理材	ポリマーセメント系塗材	SBR系，アクリル樹脂系，防せい材添加系など	・防せい性，耐アルカリ性 ・鉄筋に対する付着強さなど
断面修復材	ポリマーセメントモルタル	SBR系，アクリル樹脂系，防せい材添加系などのポリマーセメントモルタル	・強度（曲げ，圧縮，付着） ・弾性係数，熱膨張係数 ・吸水量，透水量 ・耐久性（乾燥収縮量，塩化物イオン拡散係数，中性化速度係数など）
	樹脂モルタル	軽量エポキシ樹脂モルタルなど	
	セメントモルタルまたはコンクリート	セメント，骨材，混和剤などを使用したモルタルまたはコンクリート	

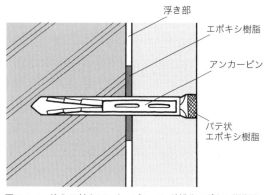

図 5・2・9　注入口付きアンカーピンニング部分エポキシ樹脂注入工法

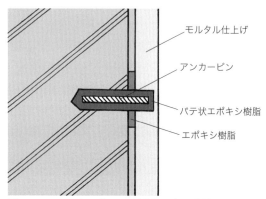

図 5・2・10　アンカーピンニング部分エポキシ樹脂注入工法

エポキシ樹脂モルタル充填工法は，欠損部の塗厚が厚い部分に適する方法で，比較的短時間に補修できるが，鉄筋が腐食している箇所に用いない．またタイルの浮きおよびひび割れの補修方法として部分的な張替えもある．

表 5・2・11 にコンクリート躯体，仕上げモルタルおよび仕上げタイルの欠損部に対する代表的な補修方法を示す．

4 浮きの補修・剥落防止

図 5・2・9 〜図 5・2・11 に仕上げ材の浮き・剥離に対する代表的な補修工法の概念図を示す．

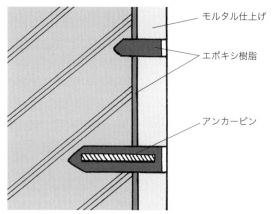

図 5・2・11　アンカーピンニング全面エポキシ樹脂注入工法

表 5・2・11　欠損部の補修工法の種類と特徴

不具合	工法		工法の特徴
コンクリート欠損部	充填工法	エポキシ樹脂モルタル充填工法	躯体コンクリートの比較的大きな欠損部の構造耐力に関係しない部分の補修のため，下地にプライマーを塗布し，粘着性のあるうちにエポキシ樹脂モルタルを充填する工法．1 回の塗り厚が大きくできるので施工性が良いが，表面仕上げなしで直接暴露されると，太陽光により表面が劣化しやすい．また鉄筋が腐食している箇所には使用しない．
		ポリマーセメントモルタル充填工法	躯体コンクリートの深さが 30mm 以下の浅く，比較的軽微な欠損部の補修に適用可能な工法．ひび割れが発生しやすいので，適切な塗厚と養生が必要である．
仕上げモルタル欠損部	充填工法	エポキシ樹脂モルタル充填工法	欠損部が比較的深く大きい場合に適用可能な工法．1 回の塗り厚が大きくできるので施工性が良いが，表面仕上げなしで直接暴露されると，太陽光により表面が劣化しやすい．
		ポリマーセメントモルタル充填工法	深さが 30mm 以下の浅く，軽微な欠損部の補修に適用可能な工法．ひび割れが発生しやすいので，適切な塗厚と養生が必要である．
	モルタル塗替え工法		通常レベルの打撃力により剥落の恐れのあるモルタル（タイルの張付けモルタルを含む）の浮きや，大面積（2m² 以上）の剥落部や躯体コンクリートに達するひび割れの場合に適用可能な工法．1 回当たりの塗厚（7mm 以下）と養生期間の確保が必要だが，補修後の長い耐用年数が確保できる．小面積の欠損部には軽量エポキシ樹脂モルタルやポリマーセメントモルタルを使用する．モルタルの塗り厚が 30mm 以上の場合には，アンカー・メッシュを併用する．
タイル欠損部	タイル部分張替え工法		①タイル陶片，または，タイル張りの剥落欠損部，②浮きのうち，通常レベルの打撃力によって剥落する恐れのあるタイル陶片，または，タイル張りの浮き部除去部分，③ひび割れ周囲のタイル除去部分，および④構造体のコンクリートに達しないタイル陶片のひび割れのうち幅 0.2 mm 以上のひび割れ除去部分に，タイル張り仕上げをする場合に適用可能な工法．タイル張付け用接着剤は，塗り厚が厚い場合にはポリマーセメントモルタルとし，比較的薄い場合にはエポキシ樹脂とする．
	タイル張替え工法		既存タイル張りの剥落部の補修あるいはアンカーピンニング樹脂注入工法等で対応できないタイル陶片の剥離や，通常のレベルの打撃力により剥落の恐れのあるタイル張付けモルタルの浮き，2m² 程度以上の大面積の剥落でタイルを張り替える場合に適用可能な工法．補修後の長い耐用年数が確保できる．0.25m² 以下の小面積の場合にはエポキシ樹脂接着剤を使用する場合も多い．全面的なタイル張り除去は騒音・粉じん公害の心配があり，3 階以上の建物には原則用いないようにする．

表 5・2・12　仕上げ材の浮き・剥離の補修工法の種類と特徴

不具合	工法		工法の特徴
仕上げモルタル浮き部	アンカーピンニングエポキシ樹脂注入工法	アンカーピンニング部分エポキシ樹脂注入工法	浮き代が小さく 1mm 以下で剥離部を部分的に躯体コンクリート固定するとともに，残存剥離部に対しても剥離や剥落を防止する場合に適用可能な工法．全面注入工法は浮き面積が 0.25m² 以上の場合に適用し，部分注入方法は 1 ヶ所当たりの浮き面積が 0.25m² 未満の場合に適用する．注入口付きアンカーピンを使用する場合は，穿孔の工数が減り騒音が低減できる．
		アンカーピンニング全面エポキシ樹脂注入工法	
		注入口付きアンカーピンニング部分エポキシ樹脂注入工法	
		注入口付きアンカーピンニング全面エポキシ樹脂注入工法	
	アンカーピンニングポリマーセメントスラリー注入工法	アンカーピンニング全面セメントスラリー注入工法	浮き代が 1mm 以上の剥離部に対し，剥離部を部分的に固定するとともに，残存剥離部に対して剥離や剥落を防止し，かつ躯体コンクリートの中性化の進行や，凍結融解等による劣化を抑制する場合に適用可能な工法．1 ヶ所当たりの浮き面積が 0.25m² 以上の場合に適用する．注入口付きアンカーピンを使用する場合は，スラリー注入の際のピンの共浮きがなくなり，穿孔の工数や騒音も低減できる．
		注入口付きアンカーピンニング全面ポリマーセメントスラリー注入工法	
	外壁複合改修工法		剥離している既存仕上層をアンカーピンによって固定存置し，その上に設ける新設仕上層（ポリマーセメントモルタル層）を高強度・高弾性のネット繊維で補強し，剥落防止効果を確保した工法．ピンネット工法とも言う．高層部でモルタル塗替え工法ができない場合や，仕上げ面の剥落，欠損が著しくアンカーピーニング工法で補修できない場合に適用する．
	外壁外断熱改修工法	断熱材複合パネル後張り工法（乾式・密着工法）	既存の外壁の劣化改修および断熱性能の向上を目的として，既存の外壁の外側に断熱材と新たな外装材を取り付ける工法．外壁だけでなく屋根や基礎を含めて建築物全体をカバーすることにより，躯体の劣化防止のみならず，建築物全体の機能や性能の回復，美観の向上等を目的として採用される．断熱材および外装材の種類と躯体への留付け方法の違いにより，断熱材と外装材が密着している工法（密着工法）と，間に通気層がある工法（通気層工法）がある．
		断熱材後張り工法（湿式・密着工法）	
		繊維系断熱材取付け・モルタル塗り工法（湿式・密着工法）	
		断熱材取付け・外装パネル工法（乾式・通気層工法）	
タイル浮き部	アンカーピンニング部分エポキシ樹脂注入工法		浮き代が小さく 1mm 以下で剥離部を部分的に躯体コンクリート固定するとともに，残存剥離部に対しても剥落を防止する場合に適用可能な工法．全面注入工法は浮き面積が 0.25m² 以上に適用し，部分注入方法は 1 ヶ所当たりの浮き面積が 0.25m² 未満の場合に適用する．注入口付きアンカーピンを使用する場合は，穿孔の工数が減り騒音が低減できる．注入口付きアンカーピンニングエポキシ樹脂注入タイル固定工法は，小口以上の比較的大きなタイルの浮きに対して，注入口付きアンカーピンとエポキシ樹脂の注入で固定する工法．
	アンカーピンニング全面エポキシ樹脂注入工法		
	注入口付きアンカーピンニング部分エポキシ樹脂注入工法		
	注入口付きアンカーピンニング全面エポキシ樹脂注入工法		
	注入口付きアンカーピンニング全面エポキシ樹脂注入タイル固定工法		
	アンカーピンニング全面セメントスラリー注入工法		剥離面積が 2m² 程度以下，浮き代が 1mm 以上の剥離部に対し，剥離部を部分的に固定するとともに，残存剥離部に対して剥離や剥落を防止し，かつ躯体コンクリートの中性化の進行や，凍結融解等による劣化を抑制する場合に適用可能な工法．1 ヶ所当たりの浮き面積が 0.25m² 以上の場合に適用する．注入口付きアンカーピンを使用する場合は，スラリー注入の際のピンの共浮きがなくなり，穿孔の工数や騒音も低減できる．
	注入口付きアンカーピンニング全面ポリマーセメントスラリー注入工法		
	タイル張替え工法		既存タイル張りの剥落部の補修あるいはアンカーピンニング樹脂注入工法等で対応できないタイル陶片の剥離や，通常のレベルの打撃力により剥落の恐れのあるタイル張付けモルタルの浮き，2m² 程度以上の大面積の剥離でタイルを張り替える場合に適用可能な工法．補修後の長い耐用年数が確保できる．0.25m² 以下の小面積の場合にはエポキシ樹脂接着剤を使用する場合も多い．全面的なタイル張り除去は騒音・粉じん公害の心配があり，3 階以上の建物には原則用いないようにする．
	伸縮目地改修工法		タイル張り仕上げ外壁の改修等に伴い，新たに伸縮目地を設ける場合に適用可能な工法．目地の設置位置等に注意が必要である．
	外壁複合改修工法		剥離している既存仕上層をアンカーピンによって固定存置し，その上に設ける新設仕上層（タイル張付けモルタル層）を補強し，剥落防止効果を確保する場合に適用可能な工法．ピンネット工法とも言う．高層部でタイル張り工法ができない場合や，仕上げ面の剥落，欠損が著しくアンカーピンニング工法で補修できない場合に適用可能な工法．
	外壁断熱改修工法		既存の外壁の劣化改修及び断熱性能の向上を目的として，既存の外壁の外側に断熱材と新たな外装材を取り付ける工法．外壁だけでなく屋根や基礎を含めて建築物全体をカバーすることにより，躯体の劣化防止のみならず，建築物全体の機能や性能の回復，美観の向上等を目的として採用される．断熱材および外装材の種類と躯体への留付け方法の違いにより，断熱材と外装材が密着している工法（密着工法）と，間に通気層がある工法（通気層工法）がある．
	パネルかぶせ工法		既存のモルタル塗りの上に GRC パネル等を取り付ける工法．パネルと躯体との隙間に余裕がある場合は，カバー工法を適用し，余裕があり，下地鉄骨を組み立て，パネル裏から作業できる場合は，カーテンウォール工法が適用可能である．
	乾式タイル張り改修工法		既存の外壁に鋼製下地を作成し，リブを設けた専用の押出成形セメント板を取り付け，リブに専用のタイルを引っ掛けて固定していく工法．

アンカーピンニング部分エポキシ樹脂注入工法，アンカーピンニング全面エポキシ樹脂注入工法，アンカーピンニング・ポリマーセメントスラリー注入工法などが主な方法である．

アンカーピンニング部分エポキシ樹脂注入工法は浮き部分に対しドリルにより孔を開け，エポキシ樹脂（部分注入用グリース状エポキシ樹脂）を充填後，全ねじステンレスボルトϕ 4～6mm（特殊アンカーピンの場合もある）を挿入してアンカーする．エポキシ樹脂を充填する際の注意は，穿孔部を清掃し最深部より樹脂を充填し，気泡をつくらないように施工する（図5・2・9, p.150）．なお，エポキシ樹脂の注入口を有するアンカーピンを用いて工事の合理化を図る方法もある（図5・2・10, p.150）．

モルタル仕上げの場合は，剥離部分の落下を防止するために行う．タイル仕上げの場合は，1箇所の剥離面積が1m²以下程度の場合に適用するが，これは次期補修までの暫定処理として行う．また，雨水が浸入する恐れのある箇所には採用できない．

アンカーピンニング全面エポキシ樹脂注入工法は，アンカーピンニング工法により浮き部分を接着固定した後，残りの浮き空隙部分にエポキシ樹脂（全面注入用エポキシ樹脂）を注入充填する方法で，長期にわたって耐久性を確保する場合に用いる（図5・2・11, p.150）．モルタル仕上げの場合は，躯体コンクリートの劣化防止も図る目的で行う．タイル補修では，長期の耐久性を確保する場合に用いる．アンカーピンの本数は，部位およびタイルの種類により変える．

アンカーピンニング・ポリマーセメントスラリー注入併用工法は，アンカーピンニング・エポキシ樹脂注入併用工法と同様な方法であるが，注入材料にポリマーセメントスラリーを用いる．浮きが3mm以上の場合に用いる．

表5・2・12（p.151）にコンクリート躯体と仕上げ材料との剥離に伴う，浮きや剥落防止に関する代表的な補修工法を示した．

5・3　解体工事

建築物の解体工事は，建築工事の中でも建物を壊すという特殊な工事で，新築工事のように構築されたものの品質を確保するということとは，全く異質なものである．**解体工事における品質確保とは，解体工法，工事費，工事期間などを適正なものとし，工事中の解体物の落下や飛散などによる第三者への災害を防止し，騒音・振動・粉塵などの発生を少なくし，地球環境の保全に努め，工事関係者の作業中の安全を確保し，かつ，解体によって発生した建設副産物の再利用や適正処理を図ることにある．**

解体工事では，各種法令に遵守した適切な処理・処分を行う必要があることから，最新の情報を入手する．

解体工事の流れを図5・3・1に示す．

5・3・1　解体工事の計画

解体工事計画の作成にあたっては，まず，当該建築物の設計図書・工事記録が現存している場合には，解体工事に必要な事項を確認する．次に，解体工事によっての影響を受ける施設，地中埋設物など解体建物の立地条件や近隣状況を事前に調査しておく．工事計画では，解体工法の選定，工事中の安全確保，周辺環境の保全および建設副産物の再利用を含めた適正処理は基本的な事項であり，これらのことに十分配慮して解体工事の手順・工程を決定する．また，新築工事が後続する場合には，解体から新築への工事の流れを十分考慮し，全体の整合性がとれるように配慮する．

1 事前調査と許可申請・届出

解体工事の施工計画および実際の工事においては，事前調査を行って，解体建物の敷地内外の状況を把握することが重要である．事前調査は，解体工法の選定や具体的な解体施工計画の作成，公

害防止対策の立案，仮設計画の立案などの工事全般の基本条件を明確にするもので，すべての計画の基礎となるものである．事前調査を怠ったために，近隣住民と騒音や振動問題でトラブルを起こしたり，施工計画を途中から変更しなければならない事態が発生すれば，予定工期の延伸や工事費などに悪影響を及ぼすことになる．

解体工事に先立って行うべき事前調査の主な項目を以下に示す．
　①解体建物と石綿（有害物質など）の使用状況の調査
　②敷地状況の調査

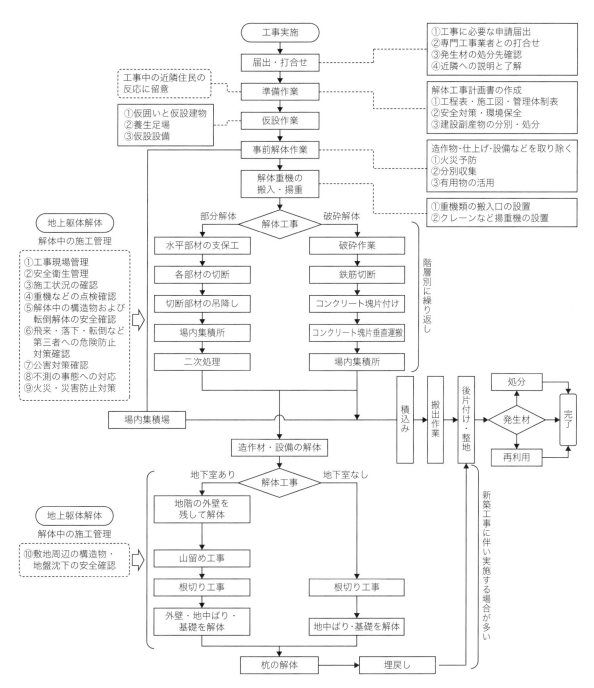

図 5・3・1　解体工事の流れ（出典：日本建築学会『鉄筋コンクリート造建築物等の解体工事施工指針（案）・同解説』1999）

③周辺環境の調査

④近隣家屋調査

⑤建設副産物再利用のための調査

⑥建設廃棄物処理のための調査

　解体工事の施工に際しては，各種法律や条例に基づく官公庁への各種許可申請や届出が義務づけられている．各行政により，許可に要する日数や届出期限などが異なる場合もあるので，事前に行政の関連部署と打合せをして，書類の不備による工期・工程の遅れがないように注意する．また，申請には建物所有者が行う項目と施工者が行う項目は異なるので，事前に十分に協議を行い，提出漏れや遅れがないようにする．

２ 解体工法の選定

　解体工事を計画するうえで重要なことは，解体建物の構造種別・規模や健全度（老朽化，火災や震災の有無）と付帯設備の情報，現場敷地や周辺環境の立地条件を十分に把握したうえで，工事条件に適した解体工法を選定することである．また，解体工事では，公害を未然に防ぐ考え方が最優先され，近隣の社会生活環境を損なわないことや解体作業時に発生する騒音・振動・粉塵を抑制し，許容範囲にとどめ管理することが，最も重要な課題である．

３ 解体工事の安全確保

　解体工事では，一般の新築工事同様に，作業員が安全かつ能率的に作業できるような安全施設を設置する．また，解体材などの落下物を現場の外へ飛散させないとともに，現場周辺を歩行する第三者の安全を確保するために，工事現場の周辺には工事期間を通して仮囲いを設置して，さらに，養生足場に防音シートや防音パネルなどを併用して，騒音・振動・粉塵などの防止や落下物による第三者災害の防止を図る．解体工事では，建物を壊すための特殊な重機を使用する場合が多い．解体手順・方法によって，階上に重機を据えたり，地上から解体する場合など様々であり，重機自体の転倒や解体材の飛散がないようにする．解体途中の建物は，解体工事の進捗によっては，建物重量や荷重の伝わり方や支持条件が変化し，構造的に不安定な状態になる可能性がある．予定外の変形や崩壊を起こさないように，施工計画時点で構造安全性の確保に注意した検討（スラブの構造検討を行い地上階より補強サポートを設置するなど）を行う．

４ 解体工事の環境保全

　解体工事にあたっては，工事中の騒音・振動・粉塵などの低減により周辺環境の保全に十分配慮する．また，石綿を使用した建物の解体にあたっては，関係法令を遵守し，作業員の安全を確保し，適切に処理するとともに，近隣周辺への飛散防止を徹底する．騒音・振動・粉塵の規制値は，自治体条例を確認し，事前に敷地境界上での予測値を算定し，規制値を上回る場合は，対策を講じる．騒音・振動の予測は，「解体工事の騒音・振動レベル→伝搬経路（減衰）→敷地境界上の予測値」のような流れで行い，対策としては，騒音・振動の発生レベルを下げるか，伝搬経路中に何らかの工夫を施すしかないのが現状である．

　解体工事に伴う現場周辺敷地の地盤沈下の発生原因には，解体重機の振動や工事車両通行の影響，地下躯体解体時の山留工事に伴う変形などがある．周辺道路には，電気・ガス・上下水道・通信など埋設管がある場合が多く，注意が必要である．解体工事に伴う山留により周辺地盤や近接した構造物に沈下や変形などを発生させる恐れがある場合には，事前に，近接した構造物の管理者との協議を行い，計測管理や障害発生時の対処方法など明確にしておく（道路，鉄道，近接建物）．

５ 建設副産物の処理

　廃棄物の適正処理やリサイクルの推進など，時代の要請により，2000年頃から，相次いで「廃棄物処理法」や「ラージリサイクル法（資源有効利用促進）」の大幅な改正，「個別リサイクル法」「循環社会形成推進基本法」などの制定が行われている．廃棄物の発生抑制や使用済み品の適正な再使

用，リサイクル推進および最終的に産業廃棄物となった廃棄物の適正処理に監視を行う．「建設リサイクル法」により，特定建設資材（アスコン，コンクリートがら，木くず）のリサイクルが義務付けられ，さらに，「木くず」のさらなる有効活用のため，解体工事における木部の分別解体が規定されている．

5・3・2　解体工事概要

1 地上解体工事

コンクリート造の工作物（その高さが5m以上であるものに限る）の解体または破壊の作業については，コンクリート造の工作物の解体等作業主任者技能講習を修了した者の中から，コンクリート造の工作物の解体等作業主任者を選任して，その者に作業に従事する作業者の指示などをさせなければならない．地上躯体の解体工法は様々な方法があるが，比較的広く実施されている工法を以下に示す．

①圧砕機の地上作業による解体（写真5・3・1参照）

②圧砕機の階上作業による解体

③大型ブレーカの階上作業と転倒工法による解体

④外壁転倒工法

2 地下解体工事

地下躯体解体工事においては，山留工事と地下躯体の解体を関連付けて作業を行う．山留工事による地盤の沈下や変形による周辺への影響を少なくする．特に，地下躯体の撤去が不十分な場合や解体ガラを残置するなど，解体材の処理・処分方法を間違えると，不法投棄と見なされ，犯罪として，個人も法人も処罰される．事前に，各行政庁の関連部署へ確認することは当然であるが，作業所内においても，十分に周知徹底を行い作業する必要がある．

3 杭の解体工事

既存杭には，建物規模，地盤条件，施工時期により木杭（松杭が多い）・PC杭，PHC杭，・鋼杭，鋼管杭，ペデスタル杭・場所打ちRC杭など様々な種類の杭が存在する．木杭やPC杭など既製杭で，杭長の長いものは継杭となっている場合が多く，特に打撃工法で施工されたものは，継手部で大きく曲がっていることも予測されるので，下杭に対して引抜き撤去ができない場合もあり，工法や工程計画に反映させる必要がある．

既存杭を解体・撤去する方法としては

①地中にある既存杭を地上作業で引抜く方法（直接引抜き，杭周面摩擦力カット）

②地上作業で地中の既存杭を破砕する方法（アースオーガー，オールケーシング）

③既存杭を露出させて解体する方法

などがある．

写真5・3・1　圧砕機（ニブラ）の地上作業による解体

1. 建築基準法第8条に定められている「維持保全」の内容の骨子を示しなさい.

2. 建築基準法第12条に定められている「定期調査・検査報告制度」の内容の骨子を示しなさい.

3. 上記「定期調査・検査報告制度」における調査対象や内容の例を3つ示しなさい.

4. 維持保全計画書を構成する項目を列記しなさい.

5. 「長期優良住宅の普及の促進に関する法律」の目的を説明しなさい.

6. 住宅の履歴情報を保存するメリットを示せ. また電子化するメリットも示しなさい.

7. 鉄筋コンクリート建築物の劣化と代表的な不具合を示しなさい.

8. 鉄筋コンクリート建築物の劣化調査項目示しなさい.

9. コンクリートの中性化深さの計測方法を説明しなさい.

10. はつり調査による鉄筋腐食の評価基準におけるグレードとそれぞれの腐食状態を説明しなさい.

11. コンクリートのひび割れ補修について, 代表的な工法を示しなさい.

12. 外壁の仕上げ材の浮きの補修について, 代表的な工法を示しなさい.

13. 解体工事における品質確保の内容を説明しなさい.

14. 解体工事に先立って行う調査項目を列記しなさい.

15. 解体工事の届出と解体工事に伴う廃棄物の処理について説明しなさい.

索引

著者略歴

〈編著者〉

大久保孝昭（おおくぼ・たかあき）

広島大学大学院先進理工系科学研究科（建築学プログラム）教授
1981年九州大学工学部建築学科卒業，同大学院修士課程および博士後期課程修了．九州大学助手・助教授，国土交通省建築研究所（後に独立行政法人建築研究所）建築生産研究室長・上席研究員などを経て現職．工学博士．共著に『型枠工事』『鉄筋工事』(東洋出版) など．
執筆担当：1章，2章，3章，4章，5章

〈著　者〉

鬼塚雅嗣（きづか・まさつぐ）

鉄建建設㈱建築本部副本部長（建築技術担当）兼建築技術部長
1981年九州大学工学部建築学科卒業，同大学院修士課程修了，博士（工学），技術士（建設部門），一級建築士．
執筆担当：3章，4章，5章

閑田徹志（かんだ・てつし）

鹿島建設技術研究所副所長
1986年九州大学工学部建築学科卒業，同大学院修士課程修了，1998年ミシガン大学建設環境工学科大学院博士課程修了．Ph.D,一級建築士．共著に「コンクリートのひび割れと破壊の力学」「コンクリートの初期ひび割れ対策」「Strain Hardening Cement Composites: Structural Design and Performance」など．
執筆担当：2章，4章，5章

眞方山美穂（まかたやま・みほ）

国土交通省国土技術政策総合研究所住宅研究部住宅性能研究官
1989年九州大学工学部建築学科卒業，同大学院修士課程修了．博士（工学），一級建築士．
執筆担当：1章，2章，5章

濱崎 仁（はまさき・ひとし）

芝浦工業大学建築学部建築学科教授
1993年九州大学工学部建築学科卒業，同大学院修士課程および博士後期課程修了．国土交通省建築研究所（後に独立行政法人建築研究所）を経て現職．博士（工学）
執筆担当：2章，4章，5章

イラスト：野村 彰

改訂版　基礎から学ぶ建築生産
生産マネジメントから施工・維持管理まで

2021年12月10日　第1版第1刷発行

編著者　大久保孝昭
著　者　鬼塚雅嗣・閑田徹志・眞方山美穂・濱崎 仁
発行者　前田裕資
発行所　株式会社 学芸出版社
　　　　〒600-8216
　　　　京都市下京区木津屋橋通西洞院東入
　　　　電話 075-343-0811
　　　　http://www.gakugei-pub.jp/
　　　　info@gakugei-pub.jp
　　　　編集担当：知念靖廣

創栄図書印刷／山崎紙工
装丁：KOTO DESIGN Inc. 山本剛史